I0255076

OEUVRES

DE P. J.

DE BÉRANGER

NOUVELLE ÉDITION

CONTENANT

LES DIX CHANSONS PUBLIÉES EN 1847

TOME PREMIER

PARIS
PERROTIN, ÉDITEUR
DE LA MÉTHODE WILHEM ET DE L'ORPHÉON
41, RUE FONTAINE-MOLIÈRE, 41

1867

OEUVRES

DE

P. J. DE BÉRANGER

I

P.-J. DE BÉRANGER

NÉ A PARIS, LE 19 AOUT 1780

OEUVRES

DE

P. J. DE BÉRANGER

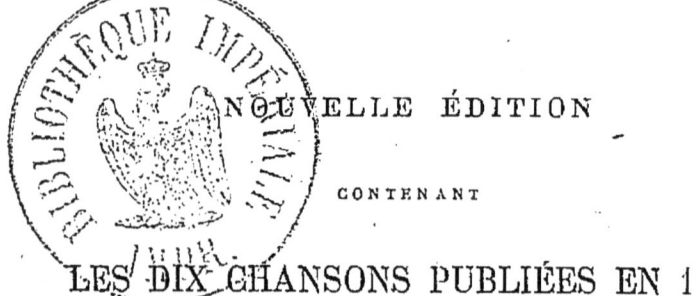

NOUVELLE ÉDITION

CONTENANT

LES DIX CHANSONS PUBLIÉES EN 1847

Avec un Portrait gravé sur bois d'après Charlet

TOME PREMIER

PARIS

PERROTIN, LIBRAIRE

ÉDITEUR DE LA MÉTHODE WILHEM

41, RUE FONTAINE-MOLIÈRE

1867

CHANSONS

DE P. J.

DE BÉRANGER

LE ROI D'YVETOT.

MAI 1813.

Air : Quand un tendron vient en ces lieux.

Il était un roi d'Yvetot
  Peu connu dans l'histoire,
Se levant tard, se couchant tôt,
  Dormant fort bien sans gloire,
Et couronné par Jeanneton
D'un simple bonnet de coton,
    Dit-on.
Oh! oh! oh! oh! ah! ah! ah! ah!
Quel bon petit roi c'était là!
    La, la.

Il faisait ses quatre repas
  Dans son palais de chaume,
Et sur un âne, pas à pas,
  Parcourait son royaume.
Joyeux, simple et croyant le bien,
Pour toute garde il n'avait rien
    Qu'un chien.
Oh! oh! oh! oh! ah! ah! ah! ah!
Quel bon petit roi c'était là!
    La, la.

Il n'avait de goût onéreux
　Qu'une soif un peu vive;
Mais, en rendant son peuple heureux,
　Il faut bien qu'un roi vive.
Lui-même, à table et sans suppôt,
Sur chaque muid levait un pot
　　D'impôt.
Oh! oh! oh! oh! ah! ah! ah! ah!
Quel bon petit roi c'était là!
　　La, la.

Aux filles de bonnes maisons
　Comme il avait su plaire,
Ses sujets avaient cent raisons
　De le nommer leur père :
D'ailleurs il ne levait de ban
Que pour tirer quatre fois l'an
　　Au blanc.
Oh! oh! oh! oh! ah! ah! ah! ah!
Quel bon petit roi c'était là!
　　La, la.

Il n'agrandit point ses États,
　Fut un voisin commode,
Et, modèle des potentats,
　Prit le plaisir pour code.
Ce n'est que lorsqu'il expira
Que le peuple, qui l'enterra
　　Pleura.
Oh! oh! oh! oh! ah! ah! ah! ah!
Quel bon petit roi c'était là!
　　La, la.

On conserve encor le portrait
 De ce digne et bon prince;
C'est l'enseigne d'un cabaret
 Fameux dans la province.
Les jours de fête, bien souvent,
La foule s'écrie en buvant
 Devant :
Oh! oh! oh! oh! ah! ah! ah! ah!
Quel bon petit roi c'était là!
 La, la.

LA BACCHANTE.

Air : Fournissez un canal au ruisseau.

Cher amant, je cède à tes désirs :
 De champagne enivre Julie.
Inventons, s'il se peut, des plaisirs;
Des amours épuisons la folie.
 Verse-moi ce joyeux poison.
 Mais surtout bois à ta maîtresse;
 Je rougirais de mon ivresse,
 Si tu conservais ta raison.

Vois déjà briller dans mes regards
 Tout le feu dont mon sang bouillonne.
Sur ton lit, de mes cheveux épars,
 Fleur à fleur, vois tomber ma couronne.
 Le cristal vient de se briser!
 Dieux! baise ma gorge brûlante,

Et taris l'écume enivrante
Dont tu te plais à l'arroser.

Verse encor! mais pourquoi ces atours
Entre tes baisers et mes charmes?
Romps ces nœuds, oui, romps-les pour toujours!
Ma pudeur ne connaît plus d'alarmes.
Presse en tes bras mes charmes nus.
Ah! je sens redoubler mon être!
A l'ardeur qu'en moi tu fais naître
Ton ardeur ne suffira plus.

Dans mes bras tombe enfin à ton tour;
Mais, hélas! tes baisers languissent.
Ne bois plus, et garde à mon amour
Ce nectar où tes feux s'amortissent.
De mes désirs mal apaisés,
Ingrat, si tu pouvais te plaindre,
J'aurais du moins pour les éteindre
Le vin où je les ai puisés.

LE SÉNATEUR.

1813

Air : J'ons un curé patriote.

Mon épouse fait ma gloire :
Rose a de si jolis yeux!
Je lui dois, l'on peut m'en croire,
Un ami bien précieux.
Le jour où j'obtins sa foi,

Un sénateur vint chez moi.
    Quel honneur!
    Quel bonheur!
Ah! monsieur le sénateur,
Je suis votre humble serviteur.

De ses faits je tiens registre :
C'est un homme sans égal.
L'autre hiver chez un ministre
Il mena ma femme au bal.
S'il me trouve en son chemin,
Il me frappe dans la main.
    Quel honneur!
    Quel bonheur!
Ah! monsieur le sénateur,
Je suis votre humble serviteur.

Près de Rose il n'est point fade,
Et n'a rien d'un freluquet.
Lorsque ma femme est malade,
Il fait mon cent de piquet.
Il m'embrasse au jour de l'an;
Il me fête à la Saint-Jean.
    Quel honneur!
    Quel bonheur!
Ah! monsieur le sénateur.
Je suis votre humble serviteur.

Chez moi qu'un temps effroyable
Me retienne après dîner,
Il me dit d'un air aimable :
« Allez donc vous promener;

« Mon cher, ne vous gênez pas,
« Mon équipage est là-bas. »
 Quel honneur !
 Quel bonheur !
Ah ! monsieur le sénateur,
Je suis votre humble serviteur.

Certain soir à la campagne
Il nous mena par hasard ;
Il m'enivra de champagne,
Et Rose fit lit à part :
Mais de la maison, ma foi,
Le plus beau lit fut pour moi.
 Quel honneur !
 Quel bonheur !
Ah ! monsieur le sénateur,
Je suis votre humble serviteur.

A l'enfant que Dieu m'envoie,
Pour parrain je l'ai donné.
C'est presque en pleurant de joie
Qu'il baise le nouveau-né ;
Et mon fils dès ce moment
Est mis sur son testament.
 Quel honneur !
 Quel bonheur !
Ah ! monsieur le sénateur,
Je suis votre humble serviteur.

A table il aime qu'on rie ;
Mais parfois j'y suis trop vert.
J'ai poussé la raillerie

Jusqu'à lui dire au dessert :
On croit, j'en suis convaincu,
Que vous me faites c...
  Quel honneur !
  Quel bonheur !
Ah ! monsieur le sénateur,
Je suis votre humble serviteur.

L'ACADÉMIE ET LE CAVEAU.

CHANSON DE RÉCEPTION
AU CAVEAU MODERNE
1813

Air : Tout le long de la rivière.

Au Caveau je n'osais frapper ;
Des méchants m'avaient su tromper.
C'est presque un cercle académique,
Me disait maint esprit caustique.
Mais, que vois-je ! de bons amis
Que rassemble un couvert bien mis.
Asseyez-vous, me dit la compagnie.
Non, non, ce n'est point comme à l'Académie,
Ce n'est point comme à l'Académie.

Je me voyais, pendant un mois,
Courant pour disputer les voix
A des gens qu'appuierait le zèle
D'un grand seigneur ou d'une belle ;

Mais, faisant moitié du chemin,
Vous m'accueillez le verre en main.
D'ici l'intrigue est à jamais bannie.
Non, non, ce n'est point comme à l'Académie,
Ce n'est point comme à l'Académie.

Toussant, crachant, faudra-t-il donc,
Dans un discours superbe et long,
Dire : Quel honneur vous me faites !
Messieurs, vous êtes trop honnêtes ;
Ou quelque chose d'aussi fort ?
Mais que je m'effrayais à tort !
On peut ici montrer moins de génie.
Non, non, ce n'est point comme à l'Académie,
Ce n'est point comme à l'Académie.

Je croyais voir le président
Faire bâiller en répondant
Que l'on vient de perdre un grand homme,
Que moi je le vaux, Dieu sait comme.
Mais ce président sans façon [1]
Ne pérore ici qu'en chanson :
Toujours trop tôt sa harangue est finie.
Non, non, ce n'est point comme à l'Académie,
Ce n'est point comme à l'Académie.

Admis enfin, aurai-je alors
Pour tout esprit l'esprit de corps ?
Il rend le bon sens, quoi qu'on dise,
Solidaire de la sottise ;

---

[1] Désaugiers.

Mais, dans votre société,
L'esprit de corps, c'est la gaieté.
Cet esprit-là règne sans tyrannie.
Non, non, ce n'est point comme à l'Académie,
Ce n'est point comme à l'Académie.

Ainsi j'en juge à votre accueil,
Ma chaise n'est point un fauteuil.
Que je vais chérir cet asile,
Où tant de fois le Vaudeville
A renouvelé ses grelots,
Et sur la porte écrit ces mots :
Joie, amitié, malice et bonhomie !
Non, non, ce n'est point comme à l'Académie,
Ce n'est point comme à l'Académie.

LA GAUDRIOLE.

Air : La bonne aventure.

Momus a pris pour adjoints
Des rimeurs d'école :
Des chansons en quatre points
Le froid nous désole.
Mirliton s'en est allé.
Ah ! la muse de Collé,
C'est la gaudriole,
O gué,
C'est la gaudriole.

Moi, des sujets polissons

Le ton m'affriole.
Minerve dans mes chansons
　　Fait la cabriole.
De ma grand'mère, après tout,
Tartufes, je tiens le goût
　　De la gaudriole,
　　　　O gué,
　　De la gaudriole.

Elle amusait à dix ans
　　Son maître d'école.
Des cordeliers gros plaisants
　　Elle fut l'idole.
Au prêtre qui l'exhortait,
En mourant elle contait
　　Une gaudriole,
　　　　O gué,
　　Une gaudriole.

C'était la régence alors ;
　　Et, sans hyperbole,
Grâce aux plus drôles de corps,
　　La France était folle.
Tous les hommes plaisantaient,
Et les femmes se prêtaient
　　A la gaudriole,
　　　　O gué,
　　A la gaudriole.

On ne rit guère aujourd'hui.
　　Est-on moins frivole ?
Trop de gloire nous a nui ;

Le plaisir s'envole.
Mais au Français attristé
Qui peut rendre la gáieté?
C'est la gaudriole,
O gué,
C'est la gaudriole.

Prudes, qui ne criez plus
Lorsqu'on vous viole,
Pourquoi prendre un air confus
A chaque parole?
Passez les mots aux rieurs :
Les plus gros sont les meilleurs
Pour la gaudriole,
O gué,
Pour la gaudriole.

ROGER BONTEMPS.

1814.

Air : Ronde du camp de Grandpré.

Aux gens atrabilaires
Pour exemple donné,
En un temps de misères
Roger Bontemps est né.
Vivre obscur à sa guise;
Narguer les mécontents;
Eh gai! c'est la devise
Du gros Roger Bontemps.

Du chapeau de mon père,
Coiffé dans les grands jours,
De roses ou de lierre
Le rajeunir toujours;
Mettre un manteau de bure,
Vieil ami de vingt ans;
Eh gai! c'est la parure
Du gros Roger Bongtemps.

Posséder dans sa hutte
Une table, un vieux lit,
Des cartes, une flûte,
Un broc que Dieu remplit,
Un portrait de maîtresse,
Un coffre et rien dedans;
Eh gai! c'est la richesse
Du gros Roger Bontemps.

Aux enfants de la ville
Montrer de petits jeux;
Être un faiseur habile
De contes graveleux;
Ne parler que de danse
Et d'almanachs chantants,
Eh gai! c'est la science
Du gros Roger Bontemps.

Faute de vin d'élite,
Sabler ceux du canton;
Préférer Marguerite
Aux dames du grand ton.
De joie et de tendresse

Remplir tous ses instants ;
Et gai ! c'est la sagesse
Du gros Roger Bontemps.

Dire au ciel : Je me fie,
Mon père, en ta bonté ;
De ma philosophie
Pardonne la gaieté ;
Que ma saison dernière
Soit encore un printemps ;
Eh gai ! c'est la prière
Du gros Roger Bontemps.

Vous, pauvres pleins d'envie,
Vous riches désireux :
Vous, dont le char dévie
Après un cours heureux ;
Vous, qui perdez peut-être
Des titres éclatants,
Eh gai ! prenez pour maître
Le gros Roger Bontemps

PARNY.

ROMANCE

Musique de B. WILHEM.

Je disais aux fils d'Épicure :
« Réveillez par vos joyeux chants
« Parny, qui sait de la nature
« Célébrer les plus doux penchants. »

Mais les chants que la joie inspire
Font place aux regrets superflus :
  Parny n'est plus!
Il vient d'expirer sur sa lyre :
  Parny n'est plus!

Je disais aux Grâces émues :
« Il vous doit sa célébrité.
« Montrez-vous à lui demi-nues;
« Qu'il peigne encor la volupté. »
Mais chacune d'elles soupire
Auprès des Plaisirs éperdus.
  Parny n'est plus!
Il vient d'expirer sur sa lyre :
  Parny n'est plus!

Je disais aux dieux du bel âge :
« Amours, rendez à ses vieux ans
« Les fleurs qu'aux pieds d'une volage
« Il prodigua dans son printemps. »
Mais en pleurant je les vois lire
Des vers qu'ils ont cent fois relus.
  Parny n'est plus!
Il vient d'expirer sur sa lyre :
  Parny n'est plus!

Je disais aux Muses plaintives :
« Oubliez vos malheurs récents [1];
« Pour charmer l'écho de nos rives,

---

[1] Allusions à la mort de Le Brun, de Delille, de Bernardin de Saint-Pierre, de Grétry, etc.

« Il vous suffit de ses accents. »
Mais du poétique délire
Elles brisent les attributs.
    Parny n'est plus!
Il vient d'expirer sur sa lyre :
    Parny n'est plus!

Il n'est plus! ah! puisse l'Envie
S'interdire un dernier effort [1]!
Immortel il quitte la vie;
Pour lui tous les dieux sont d'accord.
Que la Haine, prête à maudire,
Pardonne aux aimables vertus.
    Parny n'est plus!
Il vient d'expirer sur sa lyre :
    Parny n'est plus!

MA GRAND'MÈRE.

Air : En revenant de Bâle en Suisse.

Ma grand'mère, un soir à sa fête,
De vin pur ayant bu deux doigts,
Nous disait en branlant la tête :
Que d'amoureux j'eus autrefois!
    Combien je regrette
    Mon bras si dodu,   *Bis.*
    Ma jambe bien faite,
    Et le temps perdu!

---

[1] Autre allusion aux insultes faites à la mémoire de l'auteur de la *Guerre des Dieux*.

Quoi! maman, vous n'étiez pas sage!
— Non vraiment; et de mes appas
Seule à quinze ans j'appris l'usage,
Car la nuit je ne dormais pas.
    Combien je regrette
    Mon bras si dodu,
    Ma jambe bien faite,
    Et le temps perdu!

Maman, vous aviez le cœur tendre?
— Oui, si tendre, qu'à dix-sept ans
Lindor ne se fit pas attendre,
Et qu'il n'attendit pas longtemps.
    Combien je regrette
    Mon bras si dodu,
    Ma jambe bien faite,
    Et le temps perdu!

Maman, Lindor savait donc plaire?
— Oui, seul il me plut quatre mois,
Mais bientôt j'estimai Valère,
Et fis deux heureux à la fois.
    Combien je regrette
    Mon bras si dodu,
    Ma jambe bien faite,
    Et le temps perdu!

Quoi! maman, deux amants ensemble!
— Oui, mais chacun d'eux me trompa.
Plus fine alors qu'il ne vous semble,
J'épousai votre grand-papa.
    Combien je regrette

     Mon bras si dodu,
     Ma jambe bien faite,
     Et le temps perdu !

Maman, que lui dit la famille ?
— Rien, mais un mari plus sensé
Eût pu connaître à la coquille
Que l'œuf était déjà cassé.
     Combien je regrette
     Mon bras si dodu,
     Ma jambe bien faite,
     Et le temps perdu !

Maman, lui fûtes-vous fidèle ?
— Oh ! sur cela je me tais bien.
A moins qu'à lui Dieu ne m'appelle,
Mon confesseur n'en saura rien.
     Combien je regrette
     Mon bras si dodu,
     Ma jambe bien faite,
     Et le temps perdu !

Bien tard, maman, vous fûtes veuve ?
— Oui, mais grâces à ma gaieté,
Si l'église n'était plus neuve,
Le saint n'en fut pas moins fêté.
     Combien je regrette
     Mon bras si dodu,
     Ma jambe bien faite,
     Et le temps perdu !

Comme vous, maman, faut-il faire ?

— Eh! mes petits enfants, pourquoi,
Quand j'ai fait comme ma grand'mère,
Ne feriez-vous pas comme moi?
   Combien je regrette
   Mon bras si dodu,   ⎫
   Ma jambe bien faite,   ⎬ *Bis*.
   Et le temps perdu!   ⎭

LE MORT VIVANT.

RONDE DE TABLE.

Air des Bossus.

Lorsque l'ennui pénètre dans mon fort,
Priez pour moi : je suis mort, je suis mort!
Quand le plaisir, à grands coups m'abreuvant,
Gaiement m'assiége et derrière et devant,
Je suis vivant, bien vivant, très-vivant!

Un sot fait-il sonner son coffre-fort,
Priez pour moi : je suis mort, je suis mort!
Volnay, Pomard, Beaune et Moulin-à-Vent [1],
Fait-on sonner votre âge en vous servant,
Je suis vivant, bien vivant, très-vivant!

Des pauvres rois veut-on régler le sort,
Priez pour moi : je suis mort, je suis mort!
En fait de vin qu'on se montre savant,

[1] Noms de différents vins.

Dût-on pousser le sujet trop avant,
Je suis vivant, bien vivant, très-vivant!

Faut-il aller guerroyer dans le Nord,
Priez pour moi : je suis mort, je suis mort!
Que près du feu, l'un l'autre se bravant,
On trinque assis derrière un paravent,
Je suis vivant, bien vivant, très-vivant!

De beaux esprits s'annoncent-ils d'abord,
Priez pour moi : je suis mort, je suis mort!
Mais, sans esprit, faut-il mettre en avant
De gais couplets qu'on répète en buvant,
Je suis vivant, bien vivant, très-vivant!

Suis-je au sermon d'un bigot qui m'endort,
Priez pour moi : je suis mort, je suis mort!
Que l'amitié réclame un cœur fervent,
Que dans la cave elle fonde un couvent,
Je suis vivant, bien vivant, très-vivant!

Monseigneur entre, et la liberté sort,
Priez pour moi : je suis mort, je suis mort!
Mais que Thémire, à table nous trouvant,
Avec l'aï s'égaye en arrivant,
Je suis vivant, bien vivant, très-vivant!

Faut-il sans boire abandonner ce bord,
Priez pour moi : je suis mort, je suis mort!
Mais pour m'y voir jeter l'ancre souvent,
Le verre en main, quand j'implore un bon vent,
Je suis vivant, bien vivant, très-vivant!

LE PRINTEMPS ET L'AUTOMNE.

Air :

Deux saisons règlent toutes choses,
Pour qui sait vivre en s'amusant :
Au printemps nous devons les roses,
A l'automne un jus bienfaisant.
Les jours croissent; le cœur s'éveille,
On fait le vin quand ils sont courts.
Au printemps, adieu la bouteille!
En automne, adieu les amours!

Mieux il faudrait unir sans doute
Ces deux penchants faits pour charmer;
Mais pour ma santé je redoute
De trop boire et de trop aimer.
Or la sagesse me conseille
De partager ainsi mes jours :
Au printemps, adieu la bouteille!
En automne, adieu les amours!

Au mois de mai j'ai vu Rosette,
Et mon cœur a subi ses lois.
Que de caprices la coquette
M'a fait essuyer en six mois!
Pour lui rendre enfin la pareille,
J'appelle octobre à mon secours.
Au printemps, adieu la bouteille!
En automne, adieu les amours!

Je prends, quitte, et reprends Adèle,
Sans façon comme sans regrets,
Au revoir, un jour me dit-elle.
Elle revint longtemps après ;
J'étais à chanter sous la treille :
Ah ! dis-je, l'année a son cours.
Au printemps, adieu la bouteille !
En automne, adieu les amours !

Mais il est une enchanteresse
Qui change à son gré mes plaisirs.
Du vin elle excite l'ivresse,
Et maîtrise jusqu'aux désirs.
Pour elle ce n'est pas merveille
De troubler l'ordre de mes jours,
Au printemps avec la bouteille,
En automne avec les amours.

LA MÈRE AVEUGLE.

Air : *e fille est un oiseau.*

Tout en filant votre lin,
Écoutez-moi bien, ma fille.
Déjà votre cœur sautille
Au nom du jeune Colin.
Craignez ce qu'il vous conseille.
Quoique aveugle, je surveille ;
A tout je prête l'oreille,
Et vous soupirez tout bas.

Votre Colin n'est qu'un traître...
Mais vous ouvrez la fenêtre;
Lise, vous ne filez pas. (*Bis.*)

Il fait trop chaud, dites-vous?
Mais par la fenêtre ouverte,
A Colin, toujours alerte,
Ne faites pas les yeux doux.
Vous vous plaignez que je gronde :
Hélas ! je fus jeune et blonde,
Je sais combien dans ce monde
On peut faire de faux pas.
L'amour trop souvent l'emporte...
Mais quelqu'un est à la porte;
Lise, vous ne filez pas.

C'est le vent, me dites-vous,
Qui fait crier la serrure;
Et mon vieux chien qui murmure
Gagne à cela de bons coups.
Oui, fiez-vous à mon âge;
Colin deviendra volage;
Craignez, si vous n'êtes sage,
De pleurer sur vos appas...
Grand Dieu ! que viens-je d'entendre?
C'est le bruit d'un baiser tendre;
Lise, vous ne filez pas.

C'est votre oiseau, dites-vous,
C'est votre oiseau qui vous baise;
Dites-lui donc qu'il se taise,
Et redoute mon courroux.

Ah! d'une folle conduite
Le déshonneur est la suite;
L'amant qui vous a séduite
En rit même entre vos bras.
Que la prudence vous sauve...
Mais vous allez vers l'alcôve;
Lise, vous ne filez pas.

C'est pour dormir, dites-vous.
Quoi! me jouer de la sorte!
Colin est ici, qu'il sorte,
Ou devienne votre époux.
En attendant qu'à l'église
Le séducteur vous conduise,
Filez, filez, filez, Lise,
Près de moi, sans faire un pas.
En vain votre lin s'embrouille,
Avec une autre quenouille,
Non, vous ne filerez pas. (*Bis*.)

LE PETIT HOMME GRIS.

Air : Toto, Carabo.

Il est un petit homme
Tout habillé de gris,
 Dans Paris,
Joufflu comme une pomme,
Qui, sans un sou comptant,
 Vit content,
 Et dit : Moi, je m'en...

Et dit : Moi, je m'en...
Ma foi, moi, je m'en ris !
Oh ! qu'il est gai (*bis*) le petit homme gris !

A courir les fillettes,
A boire sans compter,
A chanter,
Il s'est couvert de dettes ;
Mais, quant aux créanciers,
Aux huissiers,
Il dit : Moi, je m'en...
Il dit : Moi, je m'en...
Ma foi, moi, je m'en ris !
Oh ! qu'il est gai (*bis*) le petit homme gris !

Qu'il pleuve dans sa chambre,
Qu'il s'y couche le soir
Sans y voir ;
Qu'il lui faille en décembre
Souffler, faute de bois,
Dans ses doigts,
Il dit : Moi, je m'en...
Il dit : Moi, je m'en...
Ma foi, moi, je m'en ris !
Oh ! qu'il est gai (*bis*) le petit homme gris !

Sa femme, assez gentille,
Fait payer ses atours
Aux amours ;
Aussi plus elle brille,
Plus on le montre au doigt.
Il le voit,

Et dit : Moi, je m'en...
Et dit : Moi, je m'en...
Ma foi, moi, je m'en ris !
Oh ! qu'il est gai (*bis*) le petit homme gris !

Quand la goutte l'accable
Sur un lit délabré,
Le curé
De la mort et du diable
Parle à ce moribond,
Qui répond :
Ma foi, moi, je m'en...
Ma foi, moi, je m'en...
Ma foi, moi, je m'en ris !
Oh ! qu'il est gai (*bis*) le petit homme gris !

LA BONNE FILLE

OU

LES MOEURS DU TEMPS.

1842.

Air : Il est toujours le même.

Je sais fort bien que sur moi l'on babille,
Que soi-disant
J'ai le ton trop plaisant ;
Mais cet air amusant
Sied si bien à Camille !
Philosophe par goût,

Et toujours et de tout
Je ris, je ris, tant je suis bonne fille.

Pour le théâtre ayant quitté l'aiguille,
A mon début
Craignant quelque rebut,
Je me livre en tribut
Au censeur Mascarille,
Et ce cuistre insolent
Dénigre mon talent;
Mais moi j'en ris, tant je suis bonne fille.

Un sénateur, qui toujours apostille,
Dit : Je voudrais
Servir tes intérêts.
Lors j'essaye à grands frais
D'échauffer le vieux drille.
Quoi qu'il fît espérer,
Je n'en pus rien tirer;
Mais j'en ai ri, tant je suis bonne fille.

Un chambellan, qui de clinquant pétille,
Après qu'un jour
Il m'eut fait voir la cour,
Enrichit mon amour
De ce jonc qui scintille.
J'en fais voir le chaton :
C'est du faux, me dit-on;
Et moi j'en ris, tant je suis bonne fille.

Un bel esprit, beau de l'esprit qu'il pille,
Grâce à moi fut

Nommé de l'Institut.
Quand des voix qu'il me dut
Vient l'éclat dont il brille,
Avec moi que de fois
Il a manqué de voix !
Mais j'en ai ri, tant je suis bonne fille.

Un lycéen, qui sort de sa coquille,
    Tout triomphant,
Dans ses bras m'étouffant,
De me faire un enfant
Me proteste qu'il grille,
Et le petit morveux,
Au lieu d'un, m'en fait deux ;
Mais moi j'en ris, tant je suis bonne fille.

Trois auditeurs me disent : Viens, Camille,
    Soupe avec nous ;
Que nous fassions les fous.
J'étais seule pour tous :
L'un d'eux me déshabille.
Puis le vin met dedans
Nos petits intendants !
Et moi j'en ris, tant je suis bonne fille.

Telle est ma vie ; et sur mainte vétille
    J'aurais ici
Pu glisser, Dieu merci !
Dans ses jupons aussi
Je sais qu'on s'entortille ;
Mais les restrictions,
Mais les précautions,
Moi, je m'en ris, tant je suis bonne fille.

AINSI SOIT-IL!

1812.

Air : Alleluia.

Je suis devin, mes chers amis;
L'avenir qui nous est promis
Se découvre à mon art subtil.
    Ainsi soit-il!

Plus de poëte adulateur;
Le puissant craindra le flatteur;
Nul courtisan ne sera vil.
    Ainsi soit-il!

Plus d'usuriers, plus de joueurs,
De petits banquiers grands seigneurs,
Et pas un commis incivil.
    Ainsi soit-il!

L'amitié, charme de nos jours,
Ne sera plus un froid discours
Dont l'infortune rompt le fil.
    Ainsi soit-il!

La fille, novice à quinze ans,
A dix-huit avec ses amants
N'exercera que son babil.
    Ainsi soit-il!

Femme fuira les vains atours,
Et son mari, pendant huit jours,
Pourra s'absenter sans péril.
    Ainsi soit-il.

L'on montrera dans chaque écrit
Plus de génie et moins d'esprit,
Laissant tout jargon puéril.
    Ainsi soit-il!

L'auteur aura plus de fierté,
L'acteur moins de fatuité;
Le critique sera civil.
    Ainsi soit-il!

On rira des erreurs des grands,
On chansonnera leurs agents,
Sans voir arriver l'alguazil.
    Ainsi soit-il!

En France enfin renaît le goût;
La justice règne partout,
Et la vérité sort d'exil.
    Ainsi soit-il!

Or, mes amis, bénissons Dieu
Qui met chaque chose en son lieu :
Celles-ci sont pour l'an trois mil.
    Ainsi soit-il!

L'ÉDUCATION DES DEMOISELLES.

Air : Tra la la la, l'Amour est là.

Le bel instituteur de filles
Que ce monsieur de Fénelon !
Il parle de messe et d'aiguille :
Maman, c'est un sot tout du long.
Concerts, bals et pièces nouvelles
Nous instruisent mieux que cela.
Tra la la la, les demoiselles,
Tra la la la, se forment là.

Qu'à broder une autre s'applique :
Maman, je veux au piano,
Avec mon maître de musique,
D'Armide chanter le duo.
Je crois sentir les étincelles
De l'amour dont Renaud brûla.
Tra la la la, les demoiselles,
Tra la la la, se forment là.

Qu'une autre écrive la dépense ;
Maman, pendant une heure ou deux,
Je veux que mon maître de danse
M'enseigne un pas voluptueux.
Ma robe rend mes pieds rebelles.
Un peu plus haut relevons-la.
Tra la la la, les demoiselles,
Tra la la la, se forment là.

Que sur ma sœur une autre veille;
Maman, je veux mettre au salon,
Déjà je dessine à merveille
Les contours de cet Apollon.
Grand Dieu! que ses formes sont belles!
Surtout les beaux *nus* que voilà!
Tra la la la, les demoiselles,
Tra la la la, se forment là.

Maman, il faut qu'on me marie,
La coutume ainsi l'exigeant.
Je t'avouerai, ma chère amie,
Que même le cas est urgent.
Le monde sait de mes nouvelles,
Mais on y rit de tout cela.
Tra la la la, les demoiselles,
Tra la la la, se forment là.

DEO GRATIAS D'UN ÉPICURIEN.

Air : Tout le long de la rivière.

Dans ce siècle d'impiété,
L'on rit du *Benedicite*,
Faut-il qu'à peine il m'en souvienne!
Mais, pour que l'appétit revienne,
Je dis mes *grâces* lorsqu'enfin
Je n'ai plus soif, je n'ai plus faim :
Toujours l'espoir suit le plaisir qui passe.
Que vous êtes bon, mon Dieu! je vous rends grâce
O mon Dieu! mon Dieu! je vous rends grâce.

Mon voisin, faible du cerveau,
Ne boit jamais son vin sans eau ;
Rien qu'à voir mousser le champagne,
Déjà la migraine le gagne,
Tandis que pur, et coup pour coup,
Pour ma santé je bois beaucoup.
Vous savez seul comment tout cela passe.
Que vous êtes bon, mon Dieu ! je vous rends grâce,
O mon Dieu ! mon Dieu ! je vous rends grâce.

De soupçons jaloux assiégé,
Dorval n'a ni bu ni mangé.
Cet époux sans philosophie,
Par bonheur, de nous se défie,
Et tient sa femme, aux yeux si doux,
Sous triple porte à deux verrous :
Par la fenêtre il fait tout pour qu'on passe.
Que vous êtes bon, mon Dieu ! je vous rends grâce,
O mon Dieu ! mon Dieu ! je vous rends grâce.

Certain soir, monsieur célébra
Une déesse d'Opéra.
Pour prix d'un grain d'encens profane,
Vite au régime on le condamne ;
Sans accident, moi j'ai fêté
Huit danseuses de la Gaîté.
Pour un miracle on veut que cela passe.
Que vous êtes bon, mon Dieu ! je vous rends grâce,
O mon Dieu ! mon Dieu ! je vous rends grâce.

Mais quel convive, assis là-bas,
N'ose rire et ne chante pas ?

Chut! me dit-on, c'est un vrai sage
Qui dans les cours a fait naufrage.
Quoi! chez nous cet homme rêveur
Des rois regrette la faveur !
Plus sage, moi, je sais comme on s'en passe.
Que vous êtes bon, mon Dieu! je vous rends grâce,
O mon Dieu! mon Dieu! je vous rends grâce.

A table trouvant tout au mieux,
Je crois qu'un ordre exprès des cieux
Tient en haleine la sagesse,
Des fous ménage la faiblesse,
Et fait de leur vie un repas,
Dont le dessert ne finit pas.
Oui, c'est ainsi que jeunesse se passe.
Que vous êtes bon, mon Dieu! je vous rends grâce,
O mon Dieu! mon Dieu! je vous rends grâce.

MADAME GRÉGOIRE.

Air : C'est le gros Thomas.

C'était de mon temps
Que brillait madame Grégoire.
J'allais à vingt ans
Dans son cabaret rire et boire;
Elle attirait les gens
Par des airs engageants.
Plus d'un brun à large poitrine

Avait là crédit sur la mine.
   Ah! comme on entrait
   Boire à son cabaret!

D'un certain époux
Bien qu'elle pleurât la mémoire,
Personne de nous
N'avait connu défunt Grégoire;
   Mais à le remplacer
   Qui n'eût voulu penser!
Heureux l'écot où la commère
Apportait sa pinte et son verre!
   Ah! comme on entrait
   Boire à son cabaret!

Je crois voir encor
Son gros rire aller jusqu'aux larmes,
   Et sous sa croix d'or
L'ampleur de ses pudiques charmes.
   Sur tous ses agréments
   Consultez ses amants :
Au comptoir la sensible brune
Leur rendait deux pièces pour une.
   Ah! comme on entrait
   Boire à son cabaret!

Des buveurs grivois
Les femmes lui cherchaient querelle.
   Que j'ai vu de fois
Des galants se battre pour elle!
   La garde et les amours
   Se chamaillant toujours,

Elle, en femme des plus capables,
Dans son lit cachait les coupables.
    Ah! comme on entrait
    Boire à son cabaret!

    Quand ce fut mon tour
D'être en tout le maître chez elle,
    C'était chaque jour
Pour mes amis fête nouvelle.
    Je ne suis point jaloux :
    Nous nous arrangions tous.
L'hôtesse, poussant à la vente.
Nous livrait jusqu'à la servante.
    Ah! comme on entrait
    Boire à son cabaret!

    Tout est bien changé :
N'ayant plus rien à mettre en perce,
    Elle a pris congé
Et des plaisirs et du commerce.
    Que je regrette, hélas!
    Sa cave et ses appas!
Longtemps encor chaque pratique
S'écriera devant sa boutique :
    Ah! comme on entrait
    Boire à son cabaret!

CHARLES SEPT.

Musique de B. WILHEM.

Je vais combattre, Agnès l'ordonne :
Adieu, repos; plaisirs, adieu!
J'aurai, pour venger ma couronne,
Des héros, l'amour et mon Dieu.
Anglais, que le nom de ma belle
Dans vos rangs porte la terreur.
J'oubliais l'honneur auprès d'elle,
Agnès me rend tout à l'honneur.

Dans les jeux d'une cour oisive,
Français et roi, loin des dangers,
Je laissais la France captive,
En proie au fer des étrangers.
Un mot, un seul mot de ma belle,
A couvert mon front de rougeur.
J'oubliais l'honneur auprès d'elle,
Agnès me rend tout à l'honneur.

S'il faut mon sang pour la victoire,
Agnès, tout mon sang coulera.
Mais non; pour l'amour et la gloire,
Victorieux, Charles vivra.
Je dois vaincre : j'ai de ma belle
Et les chiffres et la couleur.
J'oubliais l'honneur auprès d'elle,
Agnès me rend tout à l'honneur.

Dunois, la Trémouille, Saintrailles,
O Français! quel jour enchanté,
Quand des lauriers de vingt batailles
Je couronnerai la beauté!
Français, nous devrons à ma belle,
Moi la gloire, et vous le bonheur.
J'oubliais l'honneur auprès d'elle,
Agnès me rend tout à l'honneur.

MES CHEVEUX.

Air : Vaudeville de Décence.

Mes bons amis, que je vous prêche à table,
 Moi, l'apôtre de la gaieté.
Opposez tous au destin peu traitable
 Le repos et la liberté;
 A la grandeur, à la richesse,
 Préférez des loisirs heureux.
C'est mon avis, moi de qui la sagesse
 A fait tomber tous les cheveux.

Mes bons amis, voulez-vous dans la joie
 Passer quelques instants sereins,
Buvez un peu; c'est dans le vin qu'on noie
 L'ennui, l'humeur et les chagrins.
 A longs flots puisez l'allégresse
 Dans ces flacons d'un vin mousseux.
C'est mon avis, moi de qui la sagesse
 fait tomber tous les cheveux.

Mes bons amis, et bien boire et bien rire
 N'est rien encor sans les amours.
Que la beauté vous charme et vous attire;
 Dans ses bras coulez tous vos jours.
 Gloire, trésors, santé, jeunesse,
 Sacrifiez tout à ses vœux.
C'est mon avis, moi de qui la sagesse
 A fait tomber tous les cheveux.

Mes bons amis, du sort et de l'envie
 On brave ainsi les traits cuisants.
En peu de jours usant toute la vie,
 On en retranche les vieux ans.
 Achetez la plus douce ivresse
 Au prix d'un âge malheureux.
C'est mon avis, moi de qui la sagesse
 A fait tomber tous les cheveux.

LES GUEUX.

1812.

Air : Première ronde du Départ pour Saint-Malo.

 Les gueux, les gueux,
 Sont les gens heureux;
 Ils s'aiment entre eux.
 Vivent les gueux !

Des gueux chantons la louange,
Que de gueux hommes de bien!

Il faut qu'enfin l'esprit venge
L'honnête homme qui n'a rien.

 Les gueux, les gueux,
 Sont les gens heureux ;
 Ils s'aiment entre eux.
  Vivent les gueux !

Oui, le bonheur est facile
Au sein de la pauvreté :
J'en atteste l'Évangile ;
J'en atteste ma gaieté.

 Les gueux, les gueux,
 Sont les gens heureux ;
 Ils s'aiment entre eux.
  Vivent les gueux !

Au Parnasse la misère
Longtemps a régné, dit-on ;
Quels biens possédait Homère ?
Une besace, un bâton.

 Les gueux, les gueux,
 Sont les gens heureux ;
 Ils s'aiment entre eux.
  Vivent les gueux !

Vous qu'afflige la détresse,
Croyez que plus d'un héros,
Dans le soulier qui le blesse,
Peut regretter ses sabots.

Les gueux, les gueux,
Sont les gens heureux ;
Ils s'aiment entre eux.
Vivent les gueux !

Du faste qui vous étonne
L'exil punit plus d'un grand ;
Diogène, dans sa tonne,
Brave en paix un conquérant.

Les gueux, les gueux,
Sont les gens heureux ;
Ils s'aiment entre eux.
Vivent les gueux !

D'un palais l'éclat vous frappe,
Mais l'ennui vient y gémir.
On peut bien manger sans nappe ;
Sur la paille on peut dormir.

Les gueux, les gueux,
Sont les gens heureux ;
Ils s'aiment entre eux.
Vivent les gueux !

Quel dieu se plaît et s'agite
Sur ce grabat qu'il fleurit ?
C'est l'Amour qui rend visite
A la Pauvreté qui rit.

Les gueux, les gueux,
Sont les gens heureux ;

　　　　Ils s'aiment entre eux.
　　　　　Vivent les gueux,

L'Amitié, que l'on regrette,
N'a point quitté nos climats ;
Elle trinque à la guinguette,
Assise entre deux soldats.

　　　Les gueux, les gueux,
　　　Sont les gens heureux ;
　　　Ils s'aiment entre eux.
　　　　Vivent les gueux !

LA DESCENTE AUX ENFERS [1].

　　　Air : *Boira qui voudra, larirette,*
　　　　　Paiera qui pourra, larira.

Sur la foi de votre bonne,
Vous qui craignez Lucifer,
Approchez, que je vous donne
Des nouvelles de l'enfer.

Tant qu'on le pourra, larirette,
On se damnera, larira.
　　Tant qu'on le pourra,
　　　L'on trinquera,
　　　　Chantera,

---

[1] Sauf au premier et au dernier couplet, on ne chante que les deux premiers vers du refrain.

>   Aimera
>   La fillette.
> Tant qu'on le pourra, larirette,
> On se damnera, larira.

>   Sachez que, la nuit dernière,
>   Sur un vieux balai rôti,
>   Avec certaine sorcière
>   Pour l'enfer je suis parti.

> Tant qu'on le pourra, larirette,
> On se damnera, larira.
>   Tant qu'on le pourra,
>   L'on trinquera,
>   Chantera,
>   Aimera
>   La fillette.
> Tant qu'on le pourra, larirette,
> On se damnera, larira,

>   Ma sorcière est jeune et belle,
>   Et, dans ces lieux inconnus,
>   Diablotins, par ribambelle,
>   Viennent baiser ses pieds nus.

> Tant qu'on le pourra, larirette,
> On se damnera, larira.
>   Tant qu'on le pourra,
>   L'on trinquera,
>   Chantera,
>   Aimera
>   La fillette.

Tant qu'on le pourra, larirette,
On se damnera, larira.

Quoi qu'en disent maints belîtres,
En entrant nous remarquons
Un amas d'écailles d'huîtres
Et des débris de flacons.

Tant qu'on le pourra, larirette,
On se damnera, larira.
  Tant qu'on le pourra,
   L'on trinquera,
    Chantera,
    Aimera
   La fillette.
Tant qu'on le pourra, larirette,
On se damnera, larira.

Là, ni chaudières, ni flammes,
Et, si grands que soient leurs torts.
Aux enfers nos pauvres âmes
Reprennent un peu de corps.

Tant qu'on le pourra, larirette,
On se damnera, larira.
  Tant qu'on le pourra,
   L'on trinquera,
    Chantera,
    Aimera
   La fillette.
Tant qu'on le pourra, larirette,
On se damnera, larira.

Chez lui le diable est bon homme :
Aussi voyons-nous d'abord
Ixion faisant un somme
Près de Tantale ivre mort.

Tant qu'on le pourra, larirette,
On se damnera, larira.
   Tant qu'on le pourra,
     L'on trinquera,
      Chantera,
      Aimera
     La fillette.
Tant qu'on le pourra, larirette,
On se damnera, larira.

Rien n'est moins épouvantable
Que l'aspect de ce démon ;
Sa Majesté tenait table
Entre Épicure et Ninon.

Tant qu'on le pourra, larirette,
On se damnera, larira,
   Tant qu'on le pourra,
     L'on trinquera,
      Chantera,
      Aimera
     La fillette.
Tant qu'on le pourra, larirette,
On se damnera, larira.

Ses arrêts les plus sévères,
Qu'en mourant nous redoutons,

Sont rendus au bruit des verres
Et de huit cents mirlitons.

Tant qu'on le pourra, larirette,
On se damnera, larira.
Tant qu'on le pourra,
L'on trinquera,
Chantera,
Aimera
La fillette.
Tant qu'on le pourra, larirette,
On se damnera, larira.

Aux buveurs à rouge trogne
Il dit : Trinquons à grands coups.
Vous n'aimez pas le bourgogne,
De champagne enivrez-vous.

Tant qu'on le pourra, larirette,
On se damnera, larira.
Tant qu'on le pourra,
L'on trinquera,
Chantera,
Aimera
La fillette.
Tant qu'on le pourra, larirette,
On se damnera larira.

A la prude qui se gêne
Pour lorgner un jouvenceau
Il dit : Avec Diogène
Fais l'amour dans un tonneau.

Tant qu'on le pourra, larirette,
On se damnera, larira.
 Tant qu'on le pourra,
  L'on trinquera,
   Chantera,
   Aimera
  La fillette.
Tant qu'on le pourra, larirette,
On se damnera, larira.

Gens dont nous fuyons les traces,
Il vous dit : Plus retenus,
Laissez Cupidon aux Grâces,
Contentez-vous de Vénus.

Tant qu'on le pourra, larirette,
On se damnera, larira.
 Tant qu'on le pourra,
  L'on trinquera,
   Chantera,
   Aimera
  La fillette.
Tant qu'on le pourra, larirette,
On se damnera, larira.

Il dit encor bien des choses
Qui charment les assistants;
Puis à Ninon, sur des roses,
Il ôte au moins soixante ans.

Tant qu'on le pourra, larirette,
On se damnera, larira.

Tant qu'on le pourra,
L'on trinquera,
Chantera,
Aimera
La fillette.
Tant qu'on le pourra, larirette,
On se damnera, larira.

Alors ma sorcière éprouve
Un désir qui l'embellit,
Et soudain je me retrouve
Dans ses bras et sur mon lit.

Tant qu'on le pourra, larirette,
On se damnera, larira.
Tant qu'on le pourra,
L'on trinquera,
Chantera,
Aimera
La fillette.
Tant qu'on le pourra, larirette,
On se damnera, larira.

Si, d'après ce qu'on rapporte,
On bâille au céleste lieu,
Que le diable nous emporte,
Et nous rendrons grâce à Dieu.

Tant qu'on le pourra, larirette,
On se damnera, larira.
Tant qu'on le pourra,
L'on trinquera,

Chantera,
Aimera
La fillette.
Tant qu'on le pourra, larirette,
On se damnera, larira.

LE COIN DE L'AMITIÉ.

COUPLETS

CHANTÉS PAR UNE DEMOISELLE A UNE JEUNE MARIÉE SON AMIE.

Air : Vaudeville de la Partie carrée.

L'Amour, l'Hymen, l'Intérêt, la Folie,
Aux quatre coins se disputent nos jours.
L'Amitié vient compléter la partie ;
　Mais qu'on lui fait de mauvais tours !
Lorsqu'aux plaisirs l'âme se livre entière,
Notre raison ne brille qu'à moitié,
Et la Folie attaque la première
　Le coin de l'Amitié.

Puis vient l'Amour, joueur malin et traître,
Qui de tromper éprouve le besoin.
En tricherie on le dit passé maître ;
　Pauvre Amitié, gare à ton coin !
Ce dieu jaloux, dès qu'il voit qu'on l'adore,
A tout soumettre aspire sans pitié.
Vous cédez tout ; il veut avoir encore
　Le coin de l'Amitié.

L'Hymen arrive : oh ! combien on le fête !
L'amitié seule apprête ses atours ;
Mais dans les soins qu'il vient nous mettre en tête
　　Il nous renferme pour toujours.
Ce dieu, chez lui calculant à toute heure,
Y laisse enfin l'Intérêt prendre pied,
Et trop souvent lui donne pour demeure
　　Le coin de l'Amitié.

Auprès de toi, nous ne craignons, ma chère,
Ni l'Intérêt, ni les folles erreurs ;
Mais, aujourd'hui, que l'Hymen et son frère
　　Inspirent de crainte à nos cœurs !
Dans plus d'un coin, où de fleurs ils se parent,
Pour ton bonheur, qu'ils règnent de moitié ;
Mais que jamais, jamais ils ne s'emparent
　　Du coin de l'Amitié.

L'AGE FUTUR

ou

CE QUE SERONT NOS ENFANTS.

1814.

Air : Allez-vous-en, gens de la noce.

Je le dis sans blesser personne,
Notre âge n'est point l'âge d'or ;
Mais nos fils, qu'on me le pardonne,
　Vaudront bien moins que nous encor.

Pour peupler la machine ronde,
Qu'on est fou de mettre du sien!
    Ah! pour un rien,
    Oui, pour un rien,
Nous laisserions finir le monde,
Si nos femmes le voulaient bien.

En joyeux gourmands que nous sommes,
Nous savons chanter un repas;
Mais nos fils, pesants gastronomes,
Boiront et ne chanteront pas.
D'un sot à face rubiconde
Ils feront un épicurien.
    Ah! pour un rien,
    Oui, pour un rien,
Nous laisserions finir le monde,
Si nos femmes le voulaient bien.

Grâce aux beaux esprits de notre âge,
L'ennui nous gagne assez souvent;
Mais deux Instituts, je le gage,
Lutteront dans l'âge suivant.
De se recruter à la ronde
Tous deux trouveront le moyen.
    Ah! pour un rien,
    Oui, pour un rien,
Nous laisserions finir le monde,
Si nos femmes le voulaient bien.

Nous aimons bien un peu la guerre,
Mais sans redouter le repos;
Nos fils, ne se reposant guère,

Batailleront à tout propos.
Seul prix d'une ardeur furibonde,
Un laurier sera tout leur bien.
    Ah! pour un rien,
    Oui, pour un rien,
Nous laisserions finir le monde,
Si nos femmes le voulaient bien.

Nous sommes peu galants, sans doute ;
Mais nos fils, d'excès en excès,
Égarant l'amour sur sa route,
Ne lui parleront plus français.
Ils traduiront, Dieu les confonde !
L'*Art d'aimer* en italien.
    Ah! pour un rien,
    Oui, pour un rien,
Nous laisserions finir le monde ;
Si nos femmes le voulaient bien.

Ainsi, malgré tous nos sophistes,
Chez nos descendants on aura
Pour grands hommes des journalistes,
Pour amusement l'Opéra ;
Pas une vierge pudibonde,
Pas même un aimable vaurien.
    Ah! pour un rien,
    Oui, pour un rien,
Nous laisserions finir le monde,
Si nos femmes le voulaient bien.

De fleurs, amis, ceignant nos têtes,
Vainement nous formons des vœux

Pour que notre culte et nos fêtes
Soient en honneur chez nos neveux :
Ce chapitre, que Momus fonde,
Chez eux manquera de doyen.
  Ah! pour un rien,
  Oui, pour un rien,
Nous laisserions finir le monde,
Si nos femmes le voulaient bien.

LE VIEUX CÉLIBATAIRE.

Air : Contentons-nous d'une simple bouteille.

Allons, Babet, il est bientôt dix heures :
Pour un goutteux, c'est l'instant du repos ;
Depuis un an qu'avec moi tu demeures,
Jamais, je crois, je ne fut si dispos.
A mon coucher ton aimable présence
Pour ton bonheur ne sera pas sans fruit.
Allons, Babet, un peu de complaisance,
Un lait de poule et mon bonnet de nuit.

Petite bonne, agaçante et jolie,
D'un vieux garçon doit être le soutien.
Jadis ton maître a fait mainte folie
Pour des minois moins friands que le tien.
Je veux demain, bravant la médisance,
Au Cadran Bleu te régaler sans bruit.
Allons, Babet, un peu de complaisance,
Un lait de poule et mon bonnet de nuit.

N'expose plus à des travaux pénibles
Cette main douce et ce teint des plus frais ;
Auprès de moi coule des jours paisibles,
Que mille atours relèvent tes attraits.
L'amour par eux m'a rendu sa puissance :
Ne vois-tu pas son flambeau qui me luit?
Allons, Babet, un peu de complaisance,
Un lait de poule et mon bonnet de nuit.

A mes désirs, quoi! Babet se refuse!
Mademoiselle, auriez-vous un amant?
De mon neveu le jockey vous amuse ;
Mais, songez-y, je fais mon testament.
Docile enfin, livre sans résistance
A mes baisers ce sein qui m'a séduit.
Allons, Babet, un peu de complaisance,
Un lait de poule et mon bonnet de nuit.

Ah! tu te rends, tu cèdes à ma flamme!
Mais la nature, hélas! trahit mon cœur.
Ne pleure point; va, tu seras ma femme,
Malgré mon âge et le public moqueur.
Fais donc si bien, que ta douce influence
Rende à mes sens la chaleur qui me fuit.
Allons, Babet, un peu de complaisance,
Un lait de poule et mon bonnet de nuit.

L'AMI ROBIN.

Air : A la Monaco.

De tout Cythère
Sois le courtier :
On paiera bien ton ministère.
De tout Cythère
Sois le courtier :
Ami Robin, quel bon métier !

Robin connaît toutes nos belles,
Et jusqu'où leur prix peut aller.
Messieurs, qui voulez des pucelles,
C'est à Robin qu'il faut parler.

De tout Cythère
Sois le courtier :
On paiera bien ton ministère.
De tout Cythère
Sois le courtier :
Ami Robin, quel bon métier !

Prodiguons l'or, et des maîtresses
De toutes parts vont nous venir ;
Car, si nous tenions aux comtesses,
Robin pourrait nous en fournir.

De tout Cythère
Sois le courtier :
On paiera bien ton ministère.

De tout Cythère
   Sois le courtier :
Ami Robin, quel bon métier !

J'ai connu Robin à l'école :
Ce n'était point un libertin ;
Mais il gagnait mainte pistole
A nous procurer l'Arétin.

   De tout Cythère
   Sois le courtier :
On paiera bien ton ministère.
   De tout Cythère
   Sois le courtier :
Ami Robin, quel bon métier !

Quand de prendre femme il eut l'âge,
Il la prit belle exprès pour ça ;
Par malheur la sienne était sage,
Mais aussi Robin divorça.

   De tout Cythère
   Sois le courtier :
On paiera bien ton ministère.
   De tout Cythère
   Sois le courtier :
Ami Robin, quel bon métier !

Que le neuf ou le vieux vous tente,
Il sera votre fournisseur :
Robin vend sa nièce et sa tante ;
Il vendrait sa mère et sa sœur.

De tout Cythère
Sois le courtier :
On paiera bien ton ministère.
De tout Cythère
Sois le courtier :
Ami Robin, quel bon métier!

Si je lis bien dans son système,
Vers la cour il marche à grands pas.
Combien de gens qui déjà même
Devant Robin ont chapeau bas!

De tout Cythère
Sois le courtier :
On paiera bien ton ministère.
De tout Cythère
Sois le courtier :
Ami Robin, quel bon métier!

LES GAULOIS ET LES FRANCS.

JANVIER 1814.

Air : Gai! gai! marions-nous.

Gai! gai! serrons nos rangs,
　Espérance
　De la France;
Gai! gai! serrons nos rangs;
En avant, Gaulois et Francs!

D'Attila suivant la voix,

Le barbare,
Qu'elle égare,
Vient une seconde fois
Périr dans les champs gaulois.

Gai! gai! serrons nos rangs,
Espérance
De la France;
Gai! gai! serrons nos rangs;
En avant, Gaulois et Francs!

Renonçant à ses marais,
Le Cosaque,
Qui bivaque,
Croit, sur la foi des Anglais,
Se loger dans nos palais.

Gai! gai! serrons nos rangs,
Espérance
De la France;
Gai! gai! serrons nos rangs,
En avant, Gaulois et Francs!

Le Russe, toujours tremblant
Sous la neige
Qui l'assiége,
Las de pain noir et de gland,
Veut manger notre pain blanc.

Gai! gai! serrons nos rangs,
Espérance
De la France;

Gai! gai! serrons nos rangs;
En avant, Gaulois et Francs!

Ces vins que nous amassons
    Pour les boire
    A la victoire,
Seraient bus par des Saxons!
Plus de vin, plus de chansons!

Gai! gai! serrons nos rangs,
    Espérance
    De la France;
Gai! gai! serrons nos rangs;
En avant, Gaulois et Francs!

Pour des Kalmoucks durs et laids
    Nos filles
    Sont trop gentilles,
Nos femmes ont trop d'attraits.
Ah! que leurs fils soient Français!

Gai! gai! serrons nos rangs,
    Espérance
    De la France;
Gai! gai! serrons nos rangs;
En avant, Gaulois et Francs!

Quoi! ces monuments chéris,
    Histoire
    De notre gloire,
S'écrouleraient en débris!
Quoi! les Prussiens à Paris!

Gai! gai! serrons nos rangs,
    Espérance
    De la France;
Gai! gai! serrons nos rangs;
En avant, Gaulois et Francs!

Nobles Francs et bons Gaulois,
    La paix, si chère
    A la terre,
Dans peu viendra sous vos toits
Vous payer de tant d'exploits.

Gai! gai! serrons nos rangs,
    Espérance
    De la France;
Gai! gai! serrons nos rangs;
En avant, Gaulois et Francs!

FRÉTILLON.

AIR : Ma commère, quand je danse.

Francs amis des bonnes filles,
Vous connaissez Frétillon.
Ses charmes aux plus gentilles
Ont fait baisser pavillon.
    Ma Frétillon, (*Bis.*)
    Cette fille
    Qui frétille,
N'a pourtant qu'un cotillon.

Deux fois elle eut équipage,
Dentelles et diamants,
Et deux fois mit tout en gage
Pour quelques fripons d'amants.
 Ma Frétillon,
  Cette fille
  Qui frétille,
Reste avec un cotillon.

Point de dame qui la vaille :
Cet hiver, dans son taudis,
Couché presque sur la paille,
Mes sens étaient engourdis;
 Ma Frétillon,
  Cette fille
  Qui frétille,
Mit sur moi son cotillon.

Mais que vient-on de m'apprendre?
Quoi! le peu qui lui restait,
Frétillon a pu le vendre
Pour un fat qui la battait!
 Ma Frétillon,
  Cette fille
  Qui frétille,
A vendu son cotillon.

En chemise, à la croisée,
Il lui faut tendre ses lacs.
A travers la toile usée
Amour lorgne ses appas.
 Ma Frétillon,

Cette fille
Qui frétille,
Est si bien sans cotillon !

Seigneurs, banquiers et notaires
La feront encor briller ;
Puis encor des mousquetaires
Viendront la déshabiller.
Ma Frétillon, (*Bis.*)
Cette fille
Qui frétille,
Mourra sans un cotillon !

UN TOUR DE MAROTTE.

CHANSON

CHANTÉE AUX SOUPERS DE MOMUS.

Air : La marmotte a mal au pied.

Que Momus, dieu des bons couplets,
Soit l'ami d'Épicure.
Je veux porter ses chapelets
Pendus à ma ceinture.
Payant tribut
A l'attribut
De sa gaieté falote,
De main en main,
Jusqu'à demain,
Passons-nous la marotte.

La marotte au sceptre des rois
　　Oppose sa puissance :
Momus en donne sur les doigts
　　Du grand que l'on encense.
　　　　Gaiement frappons
　　　　Sots et fripons
　　En casque, en mitre, en cotte.
　　　　De main en main,
　　　　Jusqu'à demain,
　　Passons-nous la marotte.

Qu'un fat soit l'aigle des salons;
　　Qu'un docteur sente l'ambre;
Qu'un valet change ses galons
　　Sans changer d'antichambre;
　　　　Paris, enclin
　　　　Au trait malin,
　　Grâce à nous les ballotte.
　　　　De main en main,
　　　　Jusqu'à demain,
　　Passons-nous la marotte.

Mais de la marotte, à sa cour,
　　La beauté veut qu'on use;
C'est un des hochets de l'Amour,
　　Et Vénus s'en amuse.
　　　　Son joyeux bruit
　　　　Souvent séduit
　　L'actrice et la dévote.
　　　　De main en main,
　　　　Jusqu'à demain,
　　Passons-nous la marotte

Elle s'allie au tambourin
  Du dieu de la vendange,
Quand pour guérir un noir chagrin
  Coule un vin sans mélange.
    Oui, ses grelots
    Font à grands flots
  Jaillir cet antidote.
    De main en main,
    Jusqu'à demain,
  Passons-nous la marotte.

Point de convives paresseux,
  Amis, car il me semble
Que l'amitié bénit tous ceux
  Que la marotte assemble;
    Jeunes d'esprit,
    Ensemble on rit,
  Puis ensemble on radote.
    De main en main,
    Jusqu'à demain,
  Passons-nous la marotte.

Au bruit des grelots, dans ce lieu,
  Chantez donc votre messe.
L'assistant, le prêtre et le dieu
  Inspirent l'allégresse.
    D'un gai refrain,
    A ce lutrin,
  Pour qu'on suive la note,
    De main en main,
    Jusqu'à demain,
  Passons nous la marotte.

LA DOUBLE IVRESSE.

Air : Que ne suis-je la fougère !

Je reposais sous l'ombrage,
Quand Nœris vint m'éveiller :
Je crus voir sur son visage
Le feu du désir briller.
Sur son front Zéphire agite
La rose et le pampre vert;
Et de son sein qui palpite
Flotte le voile entr'ouvert.

Un enfant qui suit sa trace
(Son frère, si je l'en crois)
Presse pour remplir sa tasse
Des raisins entre ses doigts.
Tandis qu'à mes yeux la belle
Chante et danse à ses chansons,
L'enfant, caché derrière elle,
Mêle au vin d'affreux poisons.

Nœris prend la tasse pleine,
Y goûte, et vient me l'offrir.
Ah ! dis-je, la ruse est vaine :
Je sais qu'on peut en mourir.
Tu le veux, enchanteresse !
Je bois, dussé-je, en ce jour,
Du vin expier l'ivresse
Par l'ivresse de l'amour.

Mon délire fut extrême :
Mais aussi qu'il dura peu !
Ce n'est plus Nœris que j'aime,
Et Nœris s'en fait un jeu.
De ces ardeurs infidèles
Ce qui reste, c'est qu'enfin,
Depuis, à l'amour des belles
J'ai mêlé le goût du vin.

VOYAGE AU PAYS DE COCAGNE.

Air : Contredanse de la Rosière, *ou* L'ombre s'évapore.

Ah ! vers une rive
Où sans peine on vive,
Qui m'aime me suive !
Voyageons gaiement.
Ivre de champagne,
Je bats la campagne,
Et vois de Cocagne
Le pays charmant.

Terre chérie,
Sois ma patrie :
Qu'ici je rie
Du sort inconstant.
Pour moi tout change :
Bonheur étrange !
Je bois et mange
Sans un sou comptant.

4.

Mon appétit s'ouvre,
Et mon œil découvre
Les portes d'un Louvre
En tourte arrondi.
J'y vois de gros gardes
Cuirassés de bardes,
Portant hallebardes
De sucre candi.

 Bon Dieu! que j'aime
 Ce doux système!
 Les canons même
De sucre sont faits.
 Belles sculptures,
 Riches peintures
 En confitures
Ornent les buffets.

Pierrots et Paillasses,
Beaux esprits cocasses,
Charment sur les places
Le peuple ébahi,
Pour qui cent fontaines,
Au lieu d'eaux malsaines,
Versent, toujours pleines,
Le beaune et l'aï.

 Des gens enfournent,
 D'autres défournent;
 Aux broches tournent
Veau, bœuf et mouton:
 Des lois de table

L'ordre équitable
De tout coupable
Fait un marmiton.

Dans un palais j'entre,
Et je m'assieds entre
Des grands dont le ventre
Se porte un défi.
Je trouve en ce monde
Où la graisse abonde
Vénus toute ronde
Et l'Amour bouffi.

Nul front sinistre;
Propos de cuistres,
Airs de ministres,
N'y sont point permis.
La table est mise,
La chère exquise;
Que l'on se grise :
Trinquons, mes amis!

Mais parlons d'affaires.
Beautés peu sévères;
Qu'au doux bruit des verres,
D'un dessert friand,
On chante et l'on dise
Quelque gaillardise
Qui nous scandalise
En nous égayant.

Quand le vin tape
L'époux qu'on drape,

Que sur la nappe
Il s'endort à point;
De femme aimable
Mère intraitable,
Ah! sous la table
Ne regardez point.

Folle et tendre orgie!
La face rougie,
La panse élargie,
Là chacun est roi;
Et, quand l'heure invite
A gagner son gîte,
L'on rentre bien vite
Ailleurs que chez soi.

Que de goguettes!
Que d'amourettes!
Jamais de dettes;
Point de nœuds constants.
Entre l'ivresse
Et la paresse,
Notre jeunesse
Va jusqu'à cent ans.

Oui, dans ton empire,
Cocagne, on respire...
Mais qui vient détruire
Ce rêve enchanteur?
Amis, j'en ai honte :
C'est quelqu'un qui monte
Apporter le compte
Du restaurateur.

LE COMMENCEMENT DU VOYAGE.

CHANSON

CHANTÉE SUR LE BERCEAU D'UN NOUVEAU-NÉ.

Air du Vaudeville des Chevilles de Maître Adam.

Voyez, amis, cette barque légère
Qui de la vie essaye encor les flots :
Elle contient gentille passagère ;
Ah ! soyons-en les premiers matelots.
Déjà les eaux l'enlèvent au rivage,
Que doucement elle fuit pour toujours.
Nous qui voyons commencer le voyage,
Par nos chansons égayons-en le cours.

Déjà le Sort a soufflé dans les voiles ;
Déjà l'Espoir prépare les agrès,
Et nous promet, à l'éclat des étoiles,
Une mer calme et des vents doux et frais.
Fuyez, fuyez, oiseaux d'un noir présage ;
Cette nacelle appartient aux amours.
Nous qui voyons commencer le voyage,
Par nos chansons égayons-en le cours.

Au mât propice attachant leurs guirlandes,
Oui, les amours prennent part au travail.
Aux chastes Sœurs on a fait des offrandes,
Et l'Amitié se place au gouvernail.
Bacchus lui-même anime l'équipage,

Qui des Plaisirs invoque le secours.
Nous qui voyons commencer le voyage,
Par nos chansons égayons-en le cours.

Qui vient encor saluer la nacelle ?
C'est le Malheur bénissant la Vertu,
Et demandant que du bien fait par elle
Sur cet enfant le prix soit répandu.
A tant de vœux dont retentit la plage,
Sûrs que jamais les dieux ne seront sourds,
Nous qui voyons commencer le voyage,
Par nos chansons égayons-en le cours.

LA MUSIQUE.

1810.

Air : La fariradondaine, gai !

Purgeons nos desserts
Des chansons à boire ;
Vivent les grands airs
Du Conservatoire !
Bon !
La farira dondaine,
Gai !
La farira dondé.

Tout est réchauffé
Aux dîners d'Agathe :
Au lieu de café,

Vite une sonate.
  Bon !
La farira dondaine,
  Gai !
La farira dondé.

L'Opéra toujours
Fait bruit et merveilles :
On y voit les sourds
Boucher leurs oreilles.
  Bon !
La farira dondaine,
  Gai !
La farira dondé.

Acteurs très-profonds,
Sujets de disputes,
Messieurs les bouffons,
Soufflez dans vos flûtes.
  Bon !
La farira dondaine,
  Gai !
La farira dondé.

Et vous, gens de l'art,
Pour que je jouisse,
Quand c'est du Mozart,
Que l'on m'avertisse.
  Bon !
La farira dondaine.
  Gai !
La farira dondé.

Nature n'est rien ;
Mais on recommande
Goût italien
Et grâce allemande.
 Bon !
La farira dondaine,
 Gai !
La farira dondé.

Si nous t'enterrons,
Bel art dramatique,
Pour toi nous dirons
La messe en musique.
 Bon !
La farira dondaine,
 Gai !
La farira dondé.

LES GOURMANDS.

A MESSIEURS LES GASTRONOMES

1810.

Air : Tout le long de la rivière.

Gourmands, cessez de nous donner
La carte de votre dîner.
Tant de gens qui sont au régime
Ont droit de vous en faire un crime !
Et d'ailleurs, à chaque repas,
D'étouffer ne tremblez-vous pas ?
C'est une mort peu digne qu'on l'admire

Ah! pour étouffer, n'étouffons que de rire;
N'étouffons, n'étouffons que de rire.

La bouche pleine, osez-vous bien
Chanter l'amour, qui vit de rien?
A l'aspect de vos barbes grasses,
D'effroi vous voyez fuir les Grâces,
Ou, de truffes en vain gonflés,
Près de vos belles vous ronflez.
L'embonpoint même a dû parfois vous nuire.
Ah! pour étouffer, n'étouffons que de rire;
N'étouffons, n'étouffons que de rire.

Vous n'exaltez, maîtres gloutons,
Que la gloire des marmitons;
Méprisant l'auteur humble et maigre
Qui mouille un pain bis de vin aigre,
Vous ne trouvez le laurier bon
Que pour la sauce et le jambon.
Chez les Français quel étrange délire!
Ah! pour étouffer, n'étouffons que de rire;
N'étouffons, n'étouffons que de rire.

Pour goûter à point chaque mets,
A table ne causez jamais;
Chassez-en la plaisanterie :
Trop de gens, dans notre patrie,
De ses charmes étaient imbus :
Les bons mots ne sont qu'un abus.
Pourtant, messieurs, permettez-nous d'en dire;
Ah! pour étouffer, n'étouffons que de rire;
N'étouffons, n'étouffons que de rire.

Français, dînons pour le dessert;
L'amour y vient, Philis le sert;
Le bouchon part, l'esprit pétille;
La Décence même y babille,
Et par la Gaieté, qui prend feu,
Se laisse coudoyer un peu.
Chantons alors l'aï qui nous inspire.
Ah! pour étouffer, n'étouffons que de rire;
N'étouffons, n'étouffons que de rire.

MA DERNIÈRE CHANSON

PEUT-ÊTRE.

FIN DE JANVIER 1814.

Air : Eh quoi! vous sommeillez encore! (*De Fanchon.*)

Je n'eus jamais d'indifférence
Pour la gloire du nom français.
L'étranger envahit la France,
Et je maudis tous ses succès.
Mais, bien que la douleur honore,
Que servira d'avoir gémi?
Puisqu'ici nous rions encore,
Autant de pris sur l'ennemi!

Quand plus d'un brave aujourd'hui tremble,
Moi, poltron, je ne tremble pas.
Heureux que Bacchus nous rassemble
Pour trinquer à ce gai repas!

Amis, c'est le dieu que j'implore ;
Par lui mon cœur est affermi.
Buvons gaiement, buvons encore :
Autant de pris sur l'ennemi !

Les créanciers sont des corsaires
Contre moi toujours soulevés.
J'allais mettre ordre à mes affaires,
Quand j'appris ce que vous savez.
Gens que l'avarice dévore,
Pour votre or soudain j'ai frémi.
Prêtez-m'en donc, prêtez encore :
Autant de pris sur l'ennemi !

Je possède jeune maîtresse
Qui va courir bien des dangers.
Au fond je crois que la traîtresse
Désire un peu les étrangers.
Certains excès que l'on déplore
Ne l'épouvantent qu'à demi.
Mais cette nuit me reste encore :
Autant de pris sur l'ennemi !

Amis, s'il n'est plus d'espérance,
Jurons, au risque du trépas,
Que pour l'ennemi de la France
Nos voix ne résonneront pas.
Mais il ne faut point qu'on ignore
Qu'en chantant le cygne a fini.
Toujours Français, chantons encore :
Autant de pris sur l'ennemi !

ÉLOGE DES CHAPONS.

Air : Ah! le bel oiseau, maman!

Pour ma part, moi, j'en réponds,
   Oui, poulettes,
   Oui, coquettes,
Pour ma part, moi, j'en réponds,
Bienheureux sont les chapons!

Exempts du tendre embarras
Qui maigrit l'espèce humaine,
Comme ils sont dodus et gras,
Ces bons citoyens du Maine!

Pour ma part, moi, j'en réponds,
   Oui, poulettes,
   Oui, coquettes,
Pour ma part, moi, j'en réponds,
Bienheureux sont les chapons!

Qui d'eux, troublé nuit et jour,
Fut jaloux jusqu'à la rage?
Leur faut-il contre l'amour
Recourir au mariage?

Pour ma part, moi, j'en réponds,
   Oui, poulettes,

Oui, coquettes,
Pour ma part, moi, j'en réponds,
Bienheureux sont les chapons!

Plusieurs, pour la forme, ont pris
Une compagne gentille :
J'en sais qui sont bons maris,
Qui même ont de la famille.

Pour ma part, moi, j'en réponds,
    Oui, poulettes,
    Oui, coquettes,
Pour ma part, moi, j'en réponds,
Bienheureux sont les chapons!

Modérés dans leurs désirs,
Jamais ces gens que j'estime
N'ont pour fruit de leurs plaisirs
Les remords ou le régime.

Pour ma part, moi, j'en réponds,
    Oui, poulettes,
    Oui, coquettes,
Pour ma part, moi, j'en réponds,
Bienheureux sont les chapons!

Or, Messieurs, examinons
Notre sort auprès des belles :
Que de mal nous nous donnons
Pour tromper des infidèles !

Pour ma part, moi, j'en réponds,

Oui, poulettes,
Oui, coquettes,
Pour ma part, moi, j'en réponds,
Bienheureux sont les chapons!

C'est mener un train d'enfer,
Quelque agrément qu'on y trouve :
D'ailleurs on n'est pas de fer,
Et Dieu sait comme on le prouve!

Pour ma part, moi, j'en réponds,
Oui, poulettes,
Oui, coquettes,
Pour ma part, moi, j'en réponds,
Bienheureux sont les chapons!

En dépit d'un faux honneur,
Prenons donc un parti sage,
Faisons tous notre bonheur;
Allons, Messieurs, du courage!

Pour ma part, moi, j'en réponds,
Oui, poulettes,
Oui, coquettes,
Pour ma part, moi, j'en réponds,
Bienheureux sont les chapons!

Assez de monde concourt
A propager notre espèce.
Coupons, morbleu! coupons court
Aux erreurs de la jeunesse.

Pour ma part, moi, j'en réponds,
    Oui, poulettes,
    Oui, coquettes,
Pour ma part, moi, j'en réponds,
Bienheureux sont les chapons!

LE BON FRANÇAIS.

MAI 1814.

CHANSON
CHANTÉE DEVANT DES AIDES DE CAMP DE L'EMPEREUR ALEXANDRE.

Air : J'ons un curé patriote.

J'aime qu'un Russe soit Russe,
Et qu'un Anglais soit Anglais.
Si l'on est Prussien en Prusse,
En France soyons Français.
Lorsqu'ici nos cœurs émus
Comptent des Français de plus [1],
  Mes amis, mes amis,
Soyons de notre pays;
Oui, soyons de notre pays.

Charles-Quint portait envie
A ce roi plein de valeur [2]

---

[1] Il est nécessaire de rappeler que M. le comte d'Artois avait dit : « Il n'y a rien de changé en France; il n'y a qu'un Français de plus. »

[2] François Ier.

Qui s'écriait à Pavie :
Tout est perdu, fors l'honneur!
Consolons par ce mot-là
Ceux que le nombre accabla.
  Mes amis, mes amis,
  Soyons de notre pays;
Oui, soyons de notre pays.

Louis, dit-on, fut sensible [1]
Aux malheurs de ces guerriers
Dont l'hiver le plus terrible
A seul flétri les lauriers.
Près des lis qu'ils soutiendront,
Ces lauriers reverdiront.
  Mes amis, mes amis,
  Soyons de notre pays;
Oui, soyons de notre pays.

Enchaîné par la souffrance,
Un roi fatal aux Anglais [2]
A jadis sauvé la France
Sans sortir de son palais.
On sait, quand il le faudra,
Sur qui Louis s'appuiera [3].
  Mes amis, mes amis,

---

[1] Les journaux du temps racontèrent que, sur une lettre du roi, l'empereur Alexandre avait promis de renvoyer en France tous les prisonniers faits sur nous dans la malheureuse campagne de Russie.

[2] Charles V, dit le Sage.

[3] Le roi avait dit, à Saint-Ouen, aux maréchaux Masséna, Mortier, Lefèvre, Ney, qu'il s'appuierait sur eux.

Soyons de notre pays;
Oui, soyons de notre pays.

Redoutons l'anglomanie;
Elle a déjà gâté tout.
N'allons point en Germanie
Chercher les règles du goût.
N'empruntons à nos voisins
Que leurs femmes et leurs vins.
　Mes amis, mes amis,
Soyons de notre pays;
Oui, soyons de notre pays.

Notre gloire est sans seconde;
Français, où sont nos rivaux?
Nos plaisirs charment le monde,
Éclairé par nos travaux.
Qu'il nous vienne un gai refrain,
Et voilà le monde en train!
　Mes amis, mes amis,
Soyons de notre pays;
Oui, soyons de notre pays.

En servant notre patrie,
Où se fixent pour toujours
Les plaisirs et l'industrie,
Les beaux-arts et les amours,
Aimons, Louis le permet,
Tout ce qu'Henri Quatre aimait.
　Mes amis, mes amis,
Soyons de notre pays;
Oui, soyons de notre pays.

LA GRANDE ORGIE.

1814.

Air : Vive le vin de Ramponneau.

Le vin charme tous les esprits :
    Qu'on le donne
      Par tonne.
Que le vin pleuve dans Paris,
Pour voir les gens les plus aigris
       Gris.

    Non, plus d'accès
      Aux procès ;
Vidons, joyeux Français,
Nos caves renommées.
    Qu'un censeur vain
      Croie en vain
Fuir le pouvoir du vin
Et s'enivre aux fumées.

Le vin charme tous les esprits :
    Qu'on le donne
      Par tonne.
Que le vin pleuve dans Paris,
Pour voir les gens les plus aigris
       Gris.

    Graves auteurs,
      Froids rhéteurs,

Tristes prédicateurs,
Endormeurs d'auditoires,
Gens à pamphlets,
A couplets,
Changez en gobelets
Vos larges écritoires.

Le vin charme tous les esprits :
Qu'on le donne
Par tonne.
Que le vin pleuve dans Paris,
Pour voir les gens les plus aigris
Gris.

Loin du fracas
Des combats,
Dans nos vins délicats
Mars a noyé ses foudres.
Gardiens de nos
Arsenaux,
Cédez-nous les tonneaux
Où vous mettiez vos poudres.

Le vin charme tous les esprits :
Qu'on le donne
Par tonne.
Que le vin pleuve dans Paris,
Pour voir les gens les plus aigris
Gris.

Nous qui courons
Les tendrons,

De Cythère enivrons
Les colombes légères.
　Oiseaux chéris
　　De Cypris,
Venez, malgré nos cris,
Boire au fond de nos verres.

Le vin charme tous les esprits :
　　Qu'on le donne
　　　Par tonne.
Que le vin pleuve dans Paris,
Pour voir les gens les plus aigris
　　　Gris.

　　L'or a cent fois
　　　Trop de poids.
Un essaim de grivois,
　Buvant à leurs mignonnes,
　　Trouve au total
　　　Ce cristal
Préférable au métal
Dont on fait les couronnes.

Le vin charme tous les esprits :
　　Qu'on le donne
　　　Par tonne.
Que le vin pleuve dans Paris,
Pour voir les gens les plus aigris
　　　Gris.

　　Enfants charmants
　　　De mamans

Qui des grands sentiments
Banniront la folie,
    Nos fils, bien gros,
        Bien dispos,
Naîtront parmi les pots,
Le front taché de lie.

Le vin charme tous les esprits :
    Qu'on le donne
        Par tonne.
Que le vin pleuve dans Paris,
Pour voir les gens les plus aigris
        Gris.

    Fi d'un honneur
        Suborneur !
Enfin du vrai bonheur
Nous porterons les signes.
    Les rois boiront
        Tous en rond ;
    Les lauriers serviront
D'échalas à nos vignes.

Le vin charme tous les esprits :
    Qu'on le donne
        Par tonne.
Que le vin pleuve dans Paris,
Pour voir les gens les plus aigris
        Gris.

    Raison, adieu !
        Qu'en ce lieu

Succombant sous le dieu
Objet de nos louanges,
Bien ou mal mis,
Tous amis,
Dans l'ivresse endormis,
Nous rêvions les vendanges !

Le vin charme tous les esprits :
Qu'on le donne
Par tonne.
Que le vin pleuve dans Paris,
Pour voir les gens les plus aigris
Gris.

LE JOUR DES MORTS.

Air : Mirliton.

(Les deux premiers vers de l'air sont doublés.)

Amis, entendez les cloches
Qui, par leurs sons gémissants,
Nous font de bruyants reproches
Sur nos rires indécents.
Il est des âmes en peine,
Dit le prêtre intéressé.
C'est le jour des morts, mirliton, mirlitaine ;
Requiescant in pace !

Qu'en ce jour la poésie
Sème les tombeaux de fleurs,

Qu'à nos yeux l'hypocrisie
Les arrose de ses pleurs.
Je chante au sort qui m'entraîne
Sur les traces du passé :
C'est le jour des morts, mirliton, mirlitaine;
Requiescant in pace!

Méchants, redoutez les diables,
Mais qu'il soit un paradis
Pour les filles charitables,
Pour les buveurs francs amis;
Que saint Pierre aux gens sans haine
Ouvre d'un air empressé.
C'est le jour des morts, mirliton, mirlitaine;
Requiescant in pace!

Le souvenir de nos pères
Nous doit-il mettre en souci ?
Ils ont ri de leurs misères :
Des nôtres rions aussi.
Lise n'est pas inhumaine,
Mon flacon n'est point cassé.
C'est le jour des morts, mirliton, mirlitaine;
Requiescant in pace!

Je ne veux point qu'on me pleure,
Moi, le boute-en-train des fous.
Puissé-je, à ma dernière heure,
Voir nos fils plus gais que nous !
Qu'ils chantent à perdre haleine,
Sur le bord du grand fossé :
C'est le jour des morts, mirliton, mirlitaine;
Requiescant in pace!

REQUÊTE

PRÉSENTÉE PAR LES CHIENS DE QUALITÉ

POUR OBTENIR QU'ON LEUR RENDE L'ENTRÉE LIBRE
AU JARDIN DES TUILERIES.

JUIN 1814.

AIR : Faut d'la vertu, pas trop n'en faut.

Puisque le tyran est à bas, \
Laissez-nous prendre nos ébats. } *Bis.*

Aux maîtres des cérémonies
Plaise ordonner que, dès demain,
Entrent sans laisse aux Tuileries
Les chiens du faubourg Saint-Germain.

Puisque le tyran est à bas,
Laissez-nous prendre nos ébats.

Des chiens dont le pavé se couvre
Distinguez-nous à nos colliers,
On sent que les honneurs du Louvre
Iraient mal à ces roturiers.

Puisque le tyran est à bas,
Laissez-nous prendre nos ébats.

Quoique toujours, sous son empire,
L'usurpateur nous ait chassés,
Nous avons laissé sans mot dire
Aboyer tous les gens pressés.

Puisque le tyran est à bas,
Laissez-nous prendre nos ébats.

Quand sur son règne on prend des notes,
Grâce pour quelques chiens félons !
Tel qui longtemps lécha ses bottes
Lui mord aujourd'hui les talons.

Puisque le tyran est à bas,
Laissez-nous prendre nos ébats.

En attrapant mieux que des puces,
On a vu carlins et bassets
Caresser Allemands et Russes
Couverts encor du sang français.

Puisque le tyran est à bas,
Laissez-nous prendre nos ébats.

Qu'importe que, sûr d'un gros lucre,
L'Anglais dise avoir triomphé ;
On nous rend le morceau de sucre ;
Les chats reprennent leur café.

Puisque le tyran est à bas,
Laissez-nous prendre nos ébats.

Quand nos dames reprennent vite
Les barbes et le caraco,
Quand on refait de l'eau bénite,
Remettez-nous *in statu quo.*

Puisque le tyran est à bas,
Laissez-nous prendre nos ébats.

Nous promettons, pour cette grâce,
Tous, hors quelques barbets honteux,
De sauter pour les gens en place,
De courir sur les malheureux.

Puisque le tyran est à bas, } Bis.
Laissez-nous prendre nos ébats. }

LA CENSURE.

CHANSON

QUI COURUT MANUSCRITE AU MOIS D'AOUT 1814 [1].

Air : Qu'est-ce qu'ça me fait à moi!

Que, sous le joug des libraires,
On livre encor nos auteurs
Aux censeurs, aux inspecteurs,
Rats-de-cave littéraires;
   Riez-en avec moi.
     Ah ! pour rire
    Et pour tout dire,
  Il n'est besoin, ma foi.
D'un privilége du roi !

---

[1] On venait de discuter à la Chambre une loi restrictive de la liberté de la presse, présentée par l'abbé de Montesquiou, ministre de l'intérieur.

L'État ayant plus d'un membre
Que la presse eût fait trembler,
Qu'on ait craint son franc parler
Dans la chambre et l'antichambre ;
　Riez-en avec moi.
　　Ah ! pour rire
　　Et pour tout dire,
　Il n'est besoin, ma foi,
D'un privilége du roi !

Que cette chambre sensée
Laisse avec soumission
Sortir la procession
Et renfermer la pensée ;
　Riez-en avec moi.
　　Ah ! pour rire
　　Et pour tout dire,
　Il n'est besoin, ma foi,
D'un privilége du roi !

Qu'un censeur bien tyrannique
De l'esprit soit le geôlier,
Et qu'avec son prisonnier
Jamais il ne communique ;
　Riez-en avec moi.
　　Ah ! pour rire
　　Et pour tout dire,
　Il n'est besoin, ma foi,
D'un privilége du roi !

Quand déjà l'on n'y voit guère,
Quand on a peine à marcher,

En feignant de la moucher,
Qu'on éteigne la lumière;
Riez-en avec moi.
Ah! pour rire
Et pour tout dire,
Il n'est besoin, ma foi,
D'un privilége du roi!

Qu'un ministre qui s'irrite
Quand on lui fait la leçon,
Lise tout bas ma chanson,
Qui lui parvient manuscrite;
Riez-en avec moi.
Ah! pour rire
Et pour tout dire,
Il n'est besoin, ma foi,
D'un privilége du roi!

BEAUCOUP D'AMOUR.

Musique de B. Wilhem.

Malgré la voix de la sagesse,
Je voudrais amasser de l'or :
Soudain, aux pieds de ma maîtresse,
J'irais déposer mon trésor.
Adèle, à ton moindre caprice,
Je satisferai chaque jour.
Non, non, je n'ai point d'avarice,
Mais j'ai beaucoup, beaucoup d'amour.

Pour immortaliser Adèle,
Si des chants m'étaient inspirés,
Mes vers, où je ne peindrais qu'elle,
A jamais seraient admirés.
Puissent ainsi dans la mémoire
Nos deux noms se graver un jour !
Je n'ai point l'amour de la gloire,
Mais j'ai beaucoup, beaucoup d'amour.

Que la Providence m'élève
Jusqu'au trône éclatant des rois,
Adèle embellira ce rêve :
Je lui céderai tous mes droits.
Pour être plus sûr de lui plaire,
Je voudrais me voir une cour.
D'ambition je n'en ai guère,
Mais j'ai beaucoup, beaucoup d'amour.

Mais quel vain désir m'importune ?
Adèle comble tous mes vœux.
L'éclat, le renom, la fortune,
Moins que l'amour rendent heureux.
A mon bonheur je puis donc croire,
Et du sort braver le retour !
Je n'ai ni bien, ni rang, ni gloire,
Mais j'ai beaucoup, beaucoup d'amour.

LES BOXEURS ou L'ANGLOMANE.

AOUT 1814.

Air : A coups d'pied, à coups d'poing.

Quoique leurs chapeaux soient bien laids,
God dam! moi j'aime les Anglais :
Ils ont un si bon caractère !
Comme ils sont polis ! et surtout
Que leurs plaisirs sont de bon goût !
 Non, chez nous point,
 Point de ces coups de poing
Qui font tant d'honneur à l'Angleterre.

Voilà des boxeurs à Paris :
Courons vite ouvrir des paris,
Et même par-devant notaire.
Ils doivent se battre un contre un ;
Pour des Anglais, c'est peu commun.
 Non, chez nous point,
 Point de ces coups de poing
Qui font tant d'honneur à l'Angleterre.

En scène d'abord admirons
La grâce de ces deux lurons,
Grâce qui jamais ne s'altère.
De la halle on dirait deux forts :
Peut-être ce sont des milords.
 Non, chez nous point,

Point de ces coups de poing
Qui font tant d'honneur à l'Angleterre.

Çà, mesdames, qu'en pensez-vous?
C'est à vous de juger les coups.
Quoi! ce spectacle vous atterre?
Le sang jaillit... battez des mains.
Dieux! que les Anglais sont humains!
Non, chez nous point,
Point de ces coups de poing,
Qui font tant d'honneur à l'Angleterre.

Anglais, il faut vous suivre en tout,
Pour les lois, la mode et le goût,
Même aussi pour l'art militaire.
Vos diplomates, vos chevaux,
N'ont pas épuisé nos bravos.
Non, chez nous point,
Point de ces coups de poing
Qui font tant d'honneur à l'Angleterre.

LE TROISIÈME MARI.

CHANSON

AVEC ACCOMPAGNEMENT DE GESTES.

Air : Ah ! ah ! qu'elle est bien !

Malheureuse avec deux maris,
Au troisième enfin je commande.
Jean est grondeur, mais je m'en ris;
Il est tout petit, je suis grande.

Sitôt qu'il fait un peu de bruit,
Je lui mets son bonnet de nuit.
   Vli, vlan, taisez-vous,
Lui dis-je, ou que je vous entende...
   Vli, vlan, taisez-vous,
Je me venge de deux époux.

Six mois après des nœuds si doux,
Et les affaires arrangées,
J'en eus deux filles, qu'entre nous,
De trois mois l'on dit plus âgées.
Au baptême Jean fit du train,
Car Léandre était le parrain.
   Vli, vlan, taisez-vous,
Jean, vous n'aurez point de dragées;
   Vli, vlan, taisez-vous,
Je me venge de deux époux.

Léandre me fait lui prêter
De l'argent, qu'il rend Dieu sait comme!
Jean, qui travaille et sait compter,
S'aperçoit qu'on touche à sa somme.
Hier il dit qu'on l'a volé;
Moi, du trésor je prends la clé.
   Vli, vlan, taisez-vous,
Plus d'argent pour vous, petit homme!
   Vli, vlan, taisez-vous,
Je me venge de deux époux.

Léandre un soir était chez moi :
A neuf heures mon mari frappe.
Je n'ouvris point, l'on sait pourquoi;

Mais à minuit Léandre échappe.
Il gelait, et Jean, morfondu,
A la porte avait attendu.
    Vli, vlan, taisez-vous,
Quoi! monsieur croit-il qu'on l'attrappe?
    Vli, vlan, taisez-vous,
Je me venge de deux époux.

Mais, à mon tour, je le surpris
Avec la vieille Pétronille.
D'un doigt de vin il était gris;
Il la trouvait fraîche et gentille.
Sur ses deux pieds il se dressait,
Et le menton lui caressait.
    Vli, vlan, taisez-vous,
Vous sentez le vin et la fille.
    Vli, vlan, taisez-vous,
Je me venge de deux époux.

Jean peut briller entre deux draps,
Malgré sa chétive apparence;
Léandre fait plus d'embarras,
Mais a beaucoup moins de vaillance.
Lorsque Jean veut se reposer,
S'il me plaît encor d'en user,
    Vli, vlan, taisez-vous,
Et vite que l'on recommence;
    Vli, vlan, taisez-vous,
Je me venge de deux époux.

VIEUX HABITS! VIEUX GALONS!

OU

RÉFLEXIONS MORALES ET POLITIQUES

D'UN MARCHAND D'HABITS DE LA CAPITALE.

PREMIÈRE RESTAURATION. 1814.

Air : Vaudeville des Deux Edmond.

Tout marchands d'habits que nous sommes,
Messieurs, nous observons les hommes;
D'un bout du monde à l'autre bout,
    L'habit fait tout.
Dans les changements qui surviennent,
Les dépouilles nous appartiennent :
Toujours en grand nous calculons.
    Vieux habits! vieux galons!

Parfois en lisant la gazette,
Comme tant d'autres, je regrette
Que tout Français n'ait pas gardé
    L'habit brodé.
Mais, j'en crois ceux qui s'y connaissent,
Les anciens préjugés renaissent.
On va quitter les pantalons.
    Vieux habits! vieux galons!

Les modes et la politique
Ont cent fois rempli ma boutique,

Combien on doit à leurs travaux
D'habits nouveaux !
Quand de nos déesses civiques
On met en oubli les tuniques,
Aux passants nous les rappelons.
Vieux habits ! vieux galons !

Un temps fameux par cent batailles
Mit du galon sur bien des tailles ;
De galon même étaient couverts
Les habits verts [1].
Mais sans le bonheur point de gloire !
Nous seuls, après chaque victoire,
Nous avions ce que nous voulons.
Vieux habits ! vieux galons !

Nous trouvons aussi notre compte
Avec tous les gens qui, sans honte,
Savent, dans un retour subit,
Changer d'habit.
Les valets, troupe chamarrée,
Troquant aujourd'hui leur livrée,
Que d'habits bleus [2] nous étalons !
Vieux habits ! vieux galons !

Les défenseurs de nos grands-pères,
Sortant de leurs nobles repaires,
Reprennent enfin à leur tour
L'habit de cour.

---

[1] La livrée impériale, vert et or.
[2] La livrée royale.

Chez nous retrouvant leurs costumes,
Avec talons rouges et plumes,
Ils vont régner dans les salons.
  Vieux habits! vieux galons!

Sans nul égard pour nos scrupules,
Si la foule des incrédules
Mit au nombre de ses larcins
  L'habit des saints,
Au nez de plus d'un philosophe
Je vais en revendre l'étoffe :
De piété nous redoublons.
  Vieux habits! vieux galons!

Longtemps vantés dans chaque ouvrage,
Des grands, qu'aujourd'hui l'on outrage,
Portent au fond de leurs manoirs
  Des habits noirs.
Mais, grâce à nous, vont reparaître
Ces manteaux qu'eux-mêmes peut-être
Trouvaient bien pesants et bien longs.
  Vieux habits! vieux galons!

De m'enrichir j'ai l'assurance :
L'on fêtera toujours en France,
En ville, au théâtre, à la cour,
  L'habit du jour.
Gens vêtus d'or et d'écarlate,
Pendant un mois chacun vous flatte;
Puis à vos portes nous allons.
  Vieux habits! vieux galons!

LE NOUVEAU DIOGÈNE.

CENT-JOURS, AVRIL 1815.

Air : Bon voyage, cher Dumolet.

Diogène,
Sous ton manteau,
Libre et content, je ris et bois sans gêne
Diogène,
Sous ton manteau,
Libre et content, je roule mon tonneau.

Dans l'eau, dit-on, tu puisas ta rudesse,
Je n'en bois pas, et, censeur plus joyeux,
En moins d'un mois, pour loger ma sagesse,
J'ai mis à sec un tonneau de vin vieux.

Diogène,
Sous ton manteau,
Libre et content, je ris et bois sans gêne.
Diogène,
Sous ton manteau,
Libre et content, je roule mon tonneau.

Où je suis bien, aisément je séjourne;
Mais comme nous les dieux sont inconstants :
Dans mon tonneau sur ce globe je tourne,
Je tourne avec la fortune et le temps.

Diogène,
Sous ton manteau,

6.

Libre et content, je bois et ris sans gêne.
 Diogène,
  Sous ton manteau,
Libre et content, je roule mon tonneau.

Pour les partis dont cent fois j'osai rire,
Ne pouvant être un utile soutien,
Devant ma tonne on ne viendra pas dire
Pour qui tiens-tu, toi qui ne tiens à rien?

 Diogène,
  Sous ton manteau,
Libre et content, je ris et bois sans gêne.
 Diogène,
  Sous ton manteau,
Libre et content, je roule mon tonneau.

J'aime à fronder les préjugés gothiques
Et les cordons de toutes les couleurs;
Mais, étrangère aux excès politiques,
Ma *Liberté* n'a qu'un chapeau de fleurs.

 Diogène,
  Sous ton manteau,
Libre et content, je ris et bois sans gêne.
 Diogène,
  Sous ton manteau,
Libre et content, je roule mon tonneau.

Qu'en un congrès, se partageant le monde,
Des potentats soient trompeurs ou trompés,
Je ne vais point demander à la ronde
Si de ma tonne ils se sont occupés.

Diogène,
Sous ton manteau,
Libre et content, je ris et bois sans gêne.
Diogène,
Sous ton manteau,
Libre et content, je roule mon tonneau.

N'ignorant pas où conduit la satire,
Je fuis des cours le pompeux appareil ;
Des vains honneurs trop enclin à médire,
Auprès des rois je crains pour mon soleil.

Diogène,
Sous ton manteau,
Libre et content, je ris et bois sans gêne.
Diogène,
Sous ton manteau,
Libre et content, je roule mon tonneau.

Lanterne en main, dans l'Athènes moderne,
Chercher un homme est un dessein fort beau :
Mais, quand le soir voit briller ma lanterne,
C'est qu'aux amours elle sert de flambeau.

Diogène,
Sous ton manteau,
Libre et content, je ris et bois sans gêne.
Diogène,
Sous ton manteau,
Libre et content, je roule mon tonneau.

Exempt d'impôt, déserteur de phalange,
Je suis pourtant assez bon citoyen :

Si les tonneaux manquaient pour la vendange,
Sans murmurer je prêterais le mien.

Diogène,
Sous ton manteau,
Libre et content, je ris et bois sans gêne.
Diogène,
Sous ton manteau,
Libre et content, je roule mon tonneau.

LE MAITRE D'ÉCOLE.

Air : Pan, pan, pan.

Ah ! le mauvais garnement !
Sans respect il sort des bornes.
Je n'ai dormi qu'un moment,
Et voilà son rudiment.
Zon, zon, zon, zon, zon, zon, zon !
Le coquin me fait les cornes !
Zon, zon, zon, zon, zon, zon, zon !
Le fouet, petit polisson !

Il a fait pis que cela
Pour m'échauffer les oreilles :
L'autre jour il me vola
Du vin que je cachais là.
Zon, zon, zon, zon, zon, zon, zon !
Il m'en a bu deux bouteilles !

Zon, zon, zon, zon, zon, zon, zon !
Le fouet, petit polisson !

Chez elle, quand le matin
Ma femme est à sa toilette,
Je sais que le libertin
Quitte écriture et latin.
Zon, zon, zon, zon, zon, zon, zon !
Par la serrure il la guette.
Zon, zon, zon, zon, zon, zon, zon !
Le fouet, petit polisson !

A ma fille il fait l'amour,
Et joue avec la friponne.
Je l'ai surpris l'autre jour,
Maître d'école à son tour,
Zon, zon, zon, zon, zon, zon, zon !
Rendant ce que je lui donne.
Zon, zon, zon, zon, zon, zon, zon !
Le fouet, petit polisson !

De le frapper je suis las ;
Mais dans ses dents monsieur gronde,
Dieu ! ne prononce-t-il pas
Le mot de c... tout bas ?
Zon, zon, zon, zon, zon, zon, zon !
Il n'est plus d'enfants au monde.
Zon, zon, zon, zon, zon, zon, zon !
Le fouet, petit polisson !

LE CÉLIBATAIRE.

CHANSON DE NOCE
CHANTÉE AU MARIAGE DE MON AMI B. WILHEM.

Air : Eh ! le cœur à la danse.

Du célibat fidèle appui,
  Je vois avec colère
L'amour essuyer aujourd'hui
  Les larmes de son frère.
  Grâces, talents et vertus,
  Ont droit à mille tributs;
    Mais un célibataire
Ne peut chanter des nœuds si doux :
  On n'aura rien à faire
  Chez de pareils époux.

Monsieur prend femme, c'est fort bien,
  Il la prend jeune et belle;
Mais, comptant ses amis pour rien,
  Monsieur la prend fidèle.
  Il faudra dans cinquante ans
  Célébrer leurs feux constants.
    Non, tout célibataire
Ne peut chanter des nœuds si doux :
  On n'aura rien à faire
  Chez de pareils époux.

Morbleu! qui n'aurait de l'humeur
  En pensant que madame

De monsieur fera le bonheur
  Bien qu'elle soit sa femme !
 Jours de paix et nuits d'amour ;
 Le diable y perdra son tour.
   Non, tout célibataire
Ne peut chanter des nœuds si doux :
   On n'aura rien à faire
   Chez de pareils époux.

Encor, si l'Amour avait pris
   Une dîme en cachette !
Mais le plus heureux des maris,
   En quittant sa couchette,
  Demain se payanera,
  Et les mains se frottera...
   Non, tout célibataire
Ne peut chanter des nœuds si doux :
   On n'aura rien à faire
   Chez de pareils époux.

TRINQUONS.

Air : La Catacoua.

Trinquer est un plaisir fort sage
Qu'aujourd'hui l'on traite d'abus.
Quand du mépris d'un tel usage
Les gens du monde sont imbus,
De le suivre, amis, faisons gloire,
Riant de qui peut s'en moquer :

CHANSONS

    Et pour choquer,
    Nous provoquer,
Le verre en main, en rond nous attaquer,
  D'abord nous trinquerons pour boire,
  Et puis nous boirons pour trinquer.

A table, croyez que nos pères
N'enviaient point le sort des rois,
Et qu'au fragile éclat des verres
Ils le comparaient quelquefois.
A voix pleine ils chantaient Grégoire,
Docteur que l'on peut expliquer.
    Et pour choquer,
    Se provoquer,
Le verre en main, tous en rond s'attaquer,
  Nos bons aïeux trinquaient pour boire,
  Et puis ils buvaient pour trinquer.

L'Amour alors près de nos mères,
Faisant chorus, battant des mains,
Rapprochait les cœurs et les verres,
Enivrait avec tous les vins.
Aussi n'a-t-on pas la mémoire
Qu'une belle ait voulu manquer,
    Pour bien choquer,
    A provoquer,
Le verre en main, chacun à l'attaquer :
  D'abord elle trinquait pour boire,
  Puis elle buvait pour trinquer.

Qu'on boive aux maîtres de la terre,
Qui n'en boivent pas plus gaiement;

Je veux, libre par caractère,
Boire à mes amis seulement.
Malheur à ceux dont l'humeur noire
S'obstine à ne point remarquer
    Que pour choquer,
    Se provoquer,
Le verre en main, tous en rond s'attaquer,
L'Amitié, qui trinque pour boire,
Boit bien plus encor pour trinquer !

PRIÈRE D'UN ÉPICURIEN.

COUPLET

ÉCRIT AUX CATACOMBES LE JOUR OÙ S'Y RENDIRENT LES MEMBRES DU CAVEAU.

Air : Ce magistrat irréprochable.

Du champ que ton pouvoir féconde,
Vois la Mort trancher les épis ;
Amour, réparateur du monde,
Réveille les cœurs assoupis.
A l'horreur qui nous environne
Oppose le besoin d'aimer ;
Et, si la mort toujours moissonne,
Ne te lasse pas de semer.

LES INFIDÉLITÉS DE LISETTE.

Air : Ermite, bon ermite.

Lisette, dont l'empire
S'étend jusqu'à mon vin,

J'éprouve le martyre
D'en demander en vain.
Pour souffrir qu'à mon âge
Les coups me soient comptés,
Ai-je compté, volage,
Tes infidélités?

Lisette, ma Lisette,
Tu m'as trompé toujours;
Mais vive la grisette!
   Je veux, Lisette,
    Boire à nos amours.

Lindor, par son audace,
Met ta ruse en défaut,
Il te parle à voix basse,
Il soupire tout haut.
Du tendre espoir qu'il fonde,
Il m'instruisit d'abord.
De peur que je n'en gronde,
Verse au moins jusqu'au bord.

Lisette, ma Lisette,
Tu m'as trompé toujours;
Mais vive la grisette!
   Je veux, Lisette,
    Boire à nos amours.

Avec l'heureux Clitandre
Lorsque je te surpris,
Vous comptiez d'un air tendre
Les baisers qu'il t'a pris.

Ton humeur peu sévère
En comptant les doubla ;
Remplis encor mon verre
Pour tous ces baisers-là.

Lisette, ma Lisette,
Tu m'as trompé toujours ;
Mais vive la grisette !
  Je veux, Lisette,
  Boire à nos amours.

Mondor, qui toujours donne
Et rubans et bijoux,
Devant moi te chiffonne
Sans te mettre en courroux.
J'ai vu sa main hardie
S'égarer sur ton sein ;
Verse jusqu'à la lie
Pour un si grand larcin.

Lisette, ma Lisette,
Tu m'as trompé toujours ;
Mais vive la grisette !
  Je veux, Lisette,
  Boire à nos amours.

Certain soir je pénètre
Dans ta chambre, et sans bruit
Je vois par la fenêtre
Un voleur qui s'enfuit.
Je l'avais, dès la veille,
Fait fuir de ton boudoir.

Ah! qu'une autre bouteille
M'empêche de tout voir!

Lisette, ma Lisette,
Tu m'as trompé toujours;
Mais vive la grisette!
Je veux, Lisette,
Boire à nos amours.

Tous, comblés de tes grâces,
Mes amis sont les tiens,
Et ceux dont tu te lasses,
C'est moi qui les soutiens.
Qu'avec ceux-là, traîtresse,
Le vin me soit permis :
Sois toujours ma maîtresse,
Et gardons nos amis.

Lisette, ma Lisette,
Tu m'as trompé toujours;
Mais vive la grisette!
Je veux, Lisette,
Boire à nos amours.

LA CHATTE.

Air : La petite Cendrillon.

Tu réveilles ta maîtresse,
Minette, par tes longs cris.
Est-ce la faim qui te presse?
Entends-tu quelque souris?

Tu veux fuir de ma chambrette,
Pour courir je ne sais où.
Mia-mia-ou! Que veut Minette?
Mia-mia-ou! c'est un matou.

Pour toi je ne puis rien faire;
Cesse de me caresser.
Sur ton mal l'amour m'éclaire :
J'ai quinze ans, j'y dois penser.
Je gémis d'être seulette
En prison, sous le verrou.
Mia-mia-ou! Que veut Minette?
Mia-mia-ou! c'est un matou.

Si ton ardeur est extrême,
Même ardeur vient me brûler;
J'ai certain voisin que j'aime,
Et que je n'ose appeler.
Mais pourquoi sur ma couchette,
Rêver à ce jeune fou?
Mia-mia-ou! Que veut Minette?
Mia-mia-ou! c'est un matou.

C'est toi, chatte libertine,
Qui mets le trouble en mon sein.
Dans la mansarde voisine
Du moins réveille Valsain.
C'est peu qu'il presse en cachette
Et ma main et mon genou.
Mia-mia-ou! Que veut Minette?
Mia-mia-ou! c'est un matou.

Mais je vois Valsain paraître

Par les toits il vient ici,
Vite, ouvrons-lui la fenêtre :
Toi, Minette, passe aussi.
Lorsque enfin mon cœur se prête
Aux larcins de ce filou,
Mia-mia-ou! Que ma Minette,
Mia-mia-ou! trouve un matou.

ADIEUX DE MARIE STUART.

Musique de B. WILHEM.

Adieu, charmant pays de France,
   Que je dois tant chérir!
Berceau de mon heureuse enfance,
Adieu! te quitter, c'est mourir.

Toi que j'adoptai pour patrie,
Et d'où je crois me voir bannir,
Entends les adieux de Marie,
France, et garde son souvenir.
Le vent souffle, on quitte la plage,
Et, peu touché de mes sanglots,
Dieu, pour me rendre à ton rivage,
Dieu n'a point soulevé les flots!

Adieu, charmant pays de France,
   Que je dois tant chérir!
Berceau de mon heureuse enfance,
Adieu! te quitter, c'est mourir.

Lorsqu'aux yeux du peuple que j'aime

Je ceignis les lis éclatants,
Il applaudit au rang suprême
Moins qu'aux charmes de mon printemps.
En vain la grandeur souveraine
M'attend chez le sombre Écossais;
Je n'ai désiré d'être reine
Que pour régner sur des Français.

Adieu, charmant pays de France,
  Que je dois tant chérir!
Berceau de mon heureuse enfance,
Adieu! te quitter, c'est mourir.

L'amour, la gloire, le génie,
Ont trop enivré mes beaux jours;
Dans l'inculte Calédonie
De mon sort va changer le cours.
Hélas! un présage terrible
Doit livrer mon cœur à l'effroi :
J'ai cru voir, dans un songe horrible,
Un échafaud dressé pour moi.

Adieu, charmant pays de France,
  Que je dois tant chérir!
Berceau de mon heureuse enfance,
Adieu! te quitter, c'est mourir.

France, du milieu des alarmes,
La noble fille des Stuarts,
Comme en ce jour qui voit ses larmes,
Vers toi tournera ses regards.
Mais, Dieu! le vaisseau trop rapide
Déjà vogue sous d'autres cieux;

Et la nuit, dans son voile humide,
Dérobe tes bords à mes yeux!

Adieu, charmant pays de France,
 Que je dois tant chérir!
Berceau de mon heureuse enfance,
Adieu! te quitter, c'est mourir.

LES PARQUES.

Air : Elle aime à rire, elle aime à boire.

Sages et fous, gueux et monarques,
Apprenez un fait tout nouveau :
Bacchus a vidé son caveau
Pour remplir la coupe des Parques.
C'est afin de plaire aux Amours,
Qui chantaient d'une voix sonore :
Que tout mortel ajoute encore
Des jours heureux à ses beaux jours!

Du monde éternelle ennemie,
Atropos, au fatal ciseau,
Buvant à longs traits et sans eau,
Sur la table tombe endormie;
Mais ses deux sœurs filent toujours,
Souriant à qui les implore.
Que tout mortel ajoute encore
Des jours heureux à ses beaux jours!

Lachésis, remplissant sa tasse,
S'écrie : Atropos dort enfin!

Mais, trop sec, hélas! et trop fin,
Je crains que mon fil ne se casse.
Pour le tremper ayons recours
A ce nectar qui me restaure.
Que tout mortel ajoute encore
Des jours heureux à ses beaux jours!

Garnissant sa quenouille immense,
Clotho lui dit : Oui, travaillons;
De vin arrosons les sillons
Où de mon lin croît la semence.
Cette rosée aura toujours
Le pouvoir de la faire éclore.
Que tout mortel ajoute encore
Des jours heureux à ses beaux jours!

Quand ces Parques, vidant bouteille,
Filent nos jours sans nul souci,
Nous qui buvons gaiement ici,
Craignons qu'Atropos ne s'éveille.
Qu'elle dorme au gré des Amours,
Et répétons à chaque aurore :
Que tout mortel ajoute encore
Des jours heureux à ses beaux jours!

MON CURÉ.

Air : Un chanoine de l'Auxerrois.

Le curé de notre hameau
S'empresse à vider son tonneau,
 Pour quand viendra l'automne.

Bénissant Dieu de ses présents,
A sa nièce, enfant de seize ans,
  Il dit parfois : Mignonne,
Cache-moi bien ce qu'on fera;
Le diable aura ce qu'il pourra.
    Eh! zon, zon, zon,
    Baise-moi, Suzon,
  Et ne damnons personne.

Fait pour chasser les loups gloutons,
Dois-je essayer sur les moutons
  Si ma houlette est bonne?
Non; mais à mon troupeau je dis :
La paix est un vrai paradis
  Qu'ici-bas l'on se donne.
Surtout j'ai soin, tant qu'il se peut,
De ne prêcher que lorsqu'il pleut.
    Eh! zon, zon, zon,
    Baise-moi, Suzon,
  Et ne damnons personne.

Les dimanches, point ne défends
La joie à ces pauvres enfants;
  J'aime alors qu'on s'en donne.
Du chœur, où seul je suis souvent,
Je les entends rire en buvant
  Chez la mère Simonne;
Ou j'y cours même, s'il le faut,
Les prier de chanter moins haut.
    Eh! zon, zon, zon,
    Baise-moi, Suzon,
  Et ne damnons personne.

Sans jamais en rien publier,
Je vois s'enfler le tablier
　De plus d'une friponne.
S'épouse-t-on six mois trop tard ;
Faut-il baptiser un bâtard ;
　C'est le ciel qui l'ordonne.
Les plaintes fort peu me siéraient :
Le ciel et Suzon en riraient.
　　Eh ! zon, zon, zon,
　　Baise-moi, Suzon,
　　Et ne damnons personne.

Notre maire, un peu mécréant,
A maint sermon répond : Néant ;
　Mais que Dieu lui pardonne !
Depuis qu'à sa table il m'admet,
J'ai su qu'à deux mains il semait,
　Sans bruit faisant l'aumône ;
Or la grâce ne peut faillir :
Puisqu'il sème, il doit recueillir.
　　Eh ! zon, zon, zon,
　　Baise-moi, Suzon,
　　Et ne damnons personne.

Je préside à tous les banquets,
A ma fête j'ai des bouquets,
　Et l'on remplit ma tonne.
Mon évêque, triste et bigot,
Prétend que je sens le fagot ;
　Mais pour qu'un jour, mignonne,
J'aille où les anges font leurs nids,
Revoir tous ceux que j'ai bénis,

Eh! zon, zon, zon,
Baise-moi, Suzon,
Et ne damnons personne.

LA BOUTEILLE VOLÉE.

Air : La fête des bonnes gens.

Sans bruit, dans ma retraite,
Hier l'Amour pénétra,
Courut à ma cachette,
Et de mon vin s'empara.
Depuis lors ma voix sommeille;
Adieu tous mes joyeux sons.
Amour, rends-moi ma bouteille,
Ma bouteille et mes chansons.

Iris, dame et coquette,
A ce larcin l'a poussé.
Je n'ai plus la recette
Qui soulage un cœur blessé.
C'est pour gémir que je veille,
En proie aux jaloux soupçons.
Amour, rends-moi ma bouteille,
Ma bouteille et mes chansons.

Épicurien aimable,
A verser frais m'invitant,
Un vieil ami de table
Me tend son verre en chantant;
Un autre vient à l'oreille

Me demander des leçons.
Amour, rends-moi ma bouteille,
Ma bouteille et mes chansons.

Tant qu'Iris eut contre elle
Ce bon vin si regretté,
Grisette folle et belle
Tenait mon cœur en gaieté.
Lison n'a point sa pareille
Pour vivre avec les garçons.
Amour, rends-moi ma bouteille,
Ma bouteille et mes chansons.

Mais le filou se livre :
Joyeux, il vient à ma voix ;
De mon vin il est ivre,
Et n'en a bu que deux doigts.
Qu'Iris soit une merveille,
Je me ris de ses façons :
Amour me rend ma bouteille,
Ma bouteille et mes chansons.

BOUQUET

A UNE DAME AGÉE DE SOIXANTE-DIX ANS, LE JOUR DE SAINTE MARGUERITE.

Air : La Catacoua.

Laissons la musique nouvelle :
Notre amie est du bon vieux temps.
Sur un air aussi simple qu'elle
Chantons des couplets bien chantants.

L'esprit du jour a son mérite,
Mais c'est surtout lui que je crains :
    Ses traits si fins
    Me semblent vains;
Pour les entendre il faudrait des devins.
    Amis, chantons à Marguerite
    De vieux airs et de gais refrains.

Elle a chanté dans sa jeunesse
Ces couplets comme on n'en fait plus,
Où Favart peignait la tendresse,
Où Panard frondait les abus.
Contre l'humeur qui nous irrite,
Quels antidotes souverains !
    Leurs vers badins,
    Francs et malins,
Aux moins joyeux faisaient battre des mains.
    Ah! rappelons à Marguerite
    Leurs vieux airs et leurs gais refrains.

C'est un charme que la mémoire :
On se répète jeune ou vieux.
Les refrains forment notre histoire;
Il faut tâcher qu'ils soient joyeux.
Amusons le temps qui trop vite
Entraîne les pauvres humains;
    Et, les destins
    Sur nos festins
Faisant briller des jours longs et sereins,
    Que dans trente ans pour Marguerite
    Nos couplets soient de gais refrains!

A table alors venant nous rendre,

Tous le front ridé par les ans,
Dans une accolade bien tendre
Nous mêlerons nos cheveux blancs.
Les souvenirs naîtront bien vite;
Nos cœurs émus en seront pleins.
  Moments divins!
  Les noirs chagrins
Fuyant au bruit des transports les plus saints,
 Sur les cent ans de Marguerite
 Nous chanterons de gais refrains!

L'HOMME RANGÉ.

AIR : Eh! lon lon la, landerirette.

Maint vieux parent me répète
Que je mange ce que j'ai.
Je veux à cette sornette
Répondre en homme rangé :
 Quand on n'a rien,
  Landerirette,
On ne saurait manger son bien.

Faut-il que je m'inquiète
Pour quelques frais superflus?
Si ma conscience est nette,
Ma bourse l'est encor plus.
 Quand on n'a rien,
  Landerirette,
On ne saurait manger son bien.

Un gourmand dans son assiette
Fond le bien de ses aïeux;
Mon hôte à crédit me traite;
J'ai bonne chère et vin vieux.
 Quand on n'a rien,
  Landerirette,
On ne saurait manger son bien.

Que Dorval, à la roulette,
A tout son or dise adieu :
J'y jouerais bien en cachette;
Mais il faudrait mettre au jeu.
 Quand on n'a rien,
  Landerirette,
On ne saurait manger son bien.

Mondor, pour une coquette,
Se ruine en dons coûteux;
C'est pour rien que ma Lisette
Me trompe et me rend heureux.
 Quand on n'a rien,
  Landerirette,
On ne saurait manger son bien.

BON VIN ET FILLETTE.

Air : Ma tante Urlurette.

L'Amour, l'Amitié, le vin,
Vont égayer ce festin;
Nargue de toute étiquette!

    Turlurette,
    Turlurette,
 Bon vin et fillette!

L'Amour nous fait la leçon :
Partout, ce dieu sans façon
Prend la nappe pour serviette.
    Turlurette,
    Turlurette,
 Bon vin et fillette!

Que dans l'or mangent les grands,
Il ne faut à deux amants
Qu'un seul verre, qu'une assiette.
    Turlurette,
    Turlurette,
 Bon vin et fillette!

Sur un trône est-on heureux?
On ne peut s'y placer deux;
Mais vivent table et couchette!
    Turlurette,
    Turlurette,
 Bon vin et fillette!

Si Pauvreté qui nous suit
A des trous à son habit,
De fleurs ornons sa toilette.
    Turlurette,
    Turlurette,
 Bon vin et fillette!

Mais que dis-je? Ah! dans ce cas,

Mettons plutôt habit bas;
Lise en paraîtra mieux faite.
 Turlurette,
 Turlurette,
 Bon vin et fillette!

LE VOISIN.

Air : Eh! Qu'est-ce que ça m'fait à moi?

Je veux, voisin et voisine,
Quitter le ton libertin;
J'ai pour oncle un sacristain,
Et pour sœur une béguine.
 Mais le diable est bien fin;
 Qu'en dites-vous, ma voisine?
 Mais le diable est bien fin;
 Qu'en dites-vous, mon voisin?

Paul, docteur en médecine,
Craint, pour le fil de nos jours,
Que le vin et les amours
N'usent trop tôt la bobine :
 Eh! fi du médecin!
 Qu'en dites-vous, ma voisine?
 Eh! fi du médecin!
 Qu'en dites-vous, mon voisin?

L'embonpoint de Joséphine
Fait demander ce que c'est;
Moi, je crois que son corset

Lui rend la taille moins fine.
 C'est l'effet du basin ;
Qu'en dites-vous, ma voisine ?
 C'est l'effet du basin ;
Qu'en dites-vous, mon voisin ?

Mademoiselle Justine
Met au monde un gros poupon :
L'un dit que c'est un dragon,
L'autre un soldat de marine.
 Je le crois fantassin ;
Qu'en dites-vous, ma voisine ?
 Je le crois fantassin ;
Qu'en dites-vous, mon voisin ?

Depuis peu, chez ma cousine,
Qui jeûnait en carnaval,
Je vois certain cardinal,
Et trouve bonne cuisine :
 Serait-il mon cousin ?
Qu'en dites-vous, ma voisine ?
 Serait-il mon cousin ?
Qu'en dites-vous, mon voisin ?

Une actrice qu'on devine
Veut, pour plaire à dix rivaux,
Inventer des coups nouveaux
Au doux jeu qui les ruine :
 C'est un fort beau dessein ;
Qu'en dites-vous, ma voisine ?
 C'est un fort beau dessein ;
Qu'en dites-vous, mon voisin ?

Faut-il qu'une affreuse épine
Se mêle aux fleurs de Cypris !
Pour ce poison de Paris
Que n'est-il une vaccine ?
   Cela serait divin ;
Qu'en dites-vous, ma voisine ?
   Cela serait divin ;
Qu'en dites-vous, mon voisin ?

D'aucun mal, je l'imagine,
Notre quartier n'est frappé :
Là, point de mari trompé,
Point de femme libertine.
   C'est un quartier fort sain ;
Qu'en dites-vous, ma voisine ?
   C'est un quartier fort sain ;
Qu'en dites-vous mon voisin ?

LE CARILLONNEUR.

Air : Mon système est d'aimer le bon vin.

Digue, digue, dig, din, dig, din, don.
   Ah ! que j'aime
   A sonner un baptême !
Aux maris j'en demande pardon.
Dig, din, don, din, digue, digue, don.

Les décès m'ont assez fait connaître ;
Préludons sur un ton plus heureux.
D'un vieillard l'héritier vient de naître.

Sonnons fort : c'est un fait scandaleux.

Digue, digue, dig, din, dig, din, don.
    Ah! que j'aime
  A sonner un baptême!
Aux maris j'en demande pardon.
Dig, din, don, din, digue, digue, don.

La maman est gaillarde et jolie ;
Mais l'époux est triste et catarrheux :
Sur son compte il sait ce qu'on publie.
Sonnons fort : il n'est pas généreux.

Digue, digue, dig, din, dig, din, don.
    Ah! que j'aime
  A sonner un baptême!
Aux maris j'en demande pardon.
Dig, din, don, din, digue, digue, don.

De l'enfant quel peut être le père?
N'est-ce pas mon voisin le banquier?
Les cadeaux mènent vite une affaire.
Sonnons fort : il est gros marguillier.

Digue, digue, dig, din, dig, din, don.
    Ah! que j'aime
  A sonner un baptême!
Aux maris j'en demande pardon.
Dig, din, don, din, digue, digue, don.

Si j'osais, je dirais que le maire
S'est créé ce petit échevin;

Je l'ai vu chiffonner la commère.
Sonnons fort : je boirai de son vin.

Digue, digue, dig, din, dig, din, don.
 Ah! que j'aime
 A sonner un baptême!
Aux maris j'en demande pardon.
Dig, din, don, din, digue, digue, don.

Je crois bien que notre grand vicaire
Aura mis le doigt au bénitier.
Depuis peu ma fille a su lui plaire.
Sonnons fort, pour l'honneur du métier.

Digue, digue, dig, din, dig, din, don.
 Ah! que j'aime
 A sonner un baptême!
Aux maris j'en demande pardon.
Dig, din, don, din, digue, digue, don.

Notre gouverneur a, je le pense,
Prélevé des droits sur ce terrain;
Dans l'église il vient donner quittance.
Sonnons fort : monseigneur est parrain.

Digue, digue, dig, din, dig, din, don.
 Ah! que j'aime
 A sonner un baptême!
Aux maris j'en demande pardon.
Dig, din, don, din, digue, digue, don.

Plus facile à nommer que ton père,

Cher enfant, quel bonheur infini !
Je suis sûr de te voir plus d'un frère.
Sonnons fort, et que Dieu soit béni !

Digue, digue, dig, din, dig, din, don.
  Ah ! que j'aime
  A sonner un baptême !
Aux maris j'en demande pardon.
Dig, din, don, din, digue, digue, don.

LA VIEILLESSE.

A MES AMIS.

Air : La pipe de tabac.

Nous verrons le temps qui nous presse
Semer les rides sur nos fronts ;
Quoi qu'il nous reste de jeunesse,
Oui, mes amis, nous vieillirons.
Mais à chaque pas voir renaître
Plus de fleurs qu'on n'en peut cueillir ;
Faire un doux emploi de son être,
Mes amis, ce n'est pas vieillir.

En vain nous égayons la vie
Par le champagne et les chansons ;
A table, où le cœur nous convie,
On nous dit que nous vieillissons.
Mais jusqu'à sa dernière aurore
En buvant frais s'épanouir ;

Même en tremblant chanter encore,
Mes amis, ce n'est pas vieillir.

Brûlons-nous pour une coquette
Un encens d'abord accueilli ;
Bientôt peut-être elle répète
Que nous n'avons que trop vieilli.
Mais vivre en tout d'économie,
Moins prodiguer et mieux jouir ;
D'une amante faire une amie,
Mes amis, ce n'est pas vieillir.

Si longtemps que l'on entretienne
Le cours heureux des passions,
Puisqu'il faut qu'enfin l'âge vienne,
Qu'ensemble au moins nous vieillissions !
Chasser du coin qui nous rassemble
Les maux prêts à nous assaillir ;
Arriver au but tous ensemble,
Mes amis, ce n'est pas vieillir.

LES BILLETS D'ENTERREMENT.

CHANSON DE NOCE.

Air : C'est un lanla, landerirette.

Notre allégresse est trop vive ;
Amis, pendant nos ébats,
Sachez qu'un joli convive
Sent approcher son trépas.

Faut-il qu'à la fleur de l'âge
Il ait ce pressentiment!
Tous nos billets de mariage
Sont des billets d'enterrement.

Il sait que l'Amour le guette
Pour se venger aujourd'hui
D'une querelle secrète
Qu'il eut vingt fois avec lui :
Rien que d'y penser, je gage
Qu'il meurt presque en ce moment.
Tous nos billets de mariage
Sont des billets d'enterrement.

Bientôt il prendra la fuite,
En tremblant se cachera ;
Mais l'Amour, à sa poursuite,
Dans son réduit l'atteindra.
L'un pousse un trait plein de rage,
L'autre un long gémissement.
Tous nos billets de mariage
Sont des billets d'enterrement.

Par pitié l'Amour hésite ;
Mais enfin, moins généreux,
Du trait que l'obstacle irrite
Il lui porte un coup affreux.
Dans son sang le pauvret nage :
Adieu donc, défunt charmant !
Tous nos billets de mariage
Sont des billets d'enterrement.

On versera quelques larmes

Que le plaisir essuiera;
Mais, pour l'honneur de ses armes,
Le vainqueur en parlera.
Car, mes amis, dans notre âge,
En dépit du sacrement,
Peu de billets de mariage
Sont des billets d'enterrement.

LA DOUBLE CHASSE.

Air : Tonton, tontaine, tonton.

Allons, chasseur, vite en campagne;
Du cor n'entends-tu pas le son?
Tonton, tonton, tontaine, tonton.
Pars, et qu'auprès de ta compagne
L'Amour chasse dans ta maison.
Tonton, tontaine, tonton.

Avec nombreuse compagnie,
Chasseur, tu parcours le canton.
Tonton, tonton, tontaine, tonton.
Auprès de ta femme jolie
Combien de braconniers voit-on?
Tonton, tontaine, tonton.

Du cerf prêt à forcer l'enceinte,
Chasseur, tu fais le fanfaron.
Tonton, tonton, tontaine, tonton.
Auprès de ta femme, sans crainte,
Se glisse un chasseur franc luron.
Tonton, tontaine, tonton.

Chasseur, par ta meute surprise,
La bête pleure, on lui répond :
Tonton, tonton, tontaine, tonton.
Ta femme, aux abois déjà mise,
Sourit aux efforts du fripon.
Tonton, tontaine, tonton.

Chasseur, un seul coup de ton arme
Met bas le cerf sur le gazon.
Tonton, tonton, tontaine, tonton.
L'amant, pour ta moitié qu'il charme,
Use de la poudre à foison.
Tonton, tontaine, tonton.

Chasseur, tu rapportes la bête,
Et de ton cor enfles le son.
Tonton, tonton, tontaine, tonton.
L'amant, quitte alors sa conquête,
Et le cerf entre à la maison.
Tonton, tontaine, tonton.

LES PETITS COUPS.

Air : Tout ça passe en même temps.

Maîtres de tous nos désirs,
Réglons-les sans les contraindre.
Plus l'excès nuit aux plaisirs,
Amis, plus nous devons le craindre.
Autour d'une petite table,
Dans ce petit coin fait pour nous,

Du vin vieux d'un hôte aimable
Il faut boire (*ter*) à petits coups.

Pour éviter bien des maux,
Veut-on suivre ma recette :
Que l'on nage entre deux eaux,
Et qu'entre deux vins l'on se mette.
Le bonheur tient au savoir-vivre :
De l'abus naissent les dégoûts;
Trop à la fois nous enivre;
Il faut boire (*ter*) à petits coups.

Loin d'en murmurer en vain,
Égayons notre indigence :
Il suffit d'un doigt de vin
Pour réconforter l'espérance.
Et vous, que flatte un sort prospère,
Pour en jouir, modérez-vous;
Car, même dans un grand verre,
Il faut boire (*ter*) à petits coups.

Philis, quel est ton effroi?
La leçon te déplaît-elle?
Les petits coups, selon toi,
Sentent le buveur qui chancelle.
Quel que soit le désir qui perce
Dans tes yeux, vifs comme tes goûts,
Du philtre qu'Amour te verse
Il faut boire (*ter*) à petits coups.

Oui, de repas en repas,
Pour atteindre à la vieillesse,

Ne nous incommodons pas,
Et soyons fous avec sagesse.
Amis, le bon vin que le nôtre !
Et la santé, quel bien pour tous !
   Pour ménager l'un et l'autre,
   Il faut boire (*ter*) à petits coups.

ÉLOGE DE LA RICHESSE.

Air du vaudeville d'Arlequin Cruello.

La richesse, que des frondeurs
   Dédaignent, et pour cause,
Quand elle vient sans les grandeurs,
   Est bonne à quelque chose.
Loin de les rendre à ton Crésus,
Va boire avec ses cent écus,
   Savetier, mon compère.
Pour moi, qu'il m'arrive un trésor ;
Que dans mes mains pleuve de l'or,
     De l'or,
     De l'or,
Et j'en fais mon affaire !

Je souris à la pauvreté,
   Et j'ignore l'envie :
Pourquoi perdrais-je ma gaieté
   Dans une douce vie ?
Maison, jardin, livres, tableaux,
Large voiture et bons chevaux,

Pourraient-ils me déplaire?
Quand mes vœux prendraient plus d'essor,
Que dans mes mains pleuve de l'or,
    De l'or,
    De l'or,
Et j'en fais mon affaire!

Bonjour, Mondor, riche voisin.
  Ta maîtresse est jolie :
Son œil est noir, son esprit fin,
  Et sa taille accomplie.
J'atteste sa fidélité;
Mais que peut contre sa fierté
  L'amour d'un pauvre hère?
Pour te l'enlever, cher Mondor,
Que dans mes mains pleuve de l'or,
    De l'or,
    De l'or,
Et j'en fais mon affaire!

Le vin s'aigrit dans mon gosier
  Chez un traiteur maussade;
Mais à sa table un financier
  Me verse-t-il rasade :
Combien, dis-je, ces bons vins blancs?
On me répond : Douze cents francs.
  Par ma foi, ce n'est guère.
En Champagne on en trouve encor :
Que dans mes mains pleuve de l'or,
    De l'or,
    De l'or,
Et j'en fais mon affaire!

A partager dès aujourd'hui,
  Amis, je vous invite.
Nous saurions tous, en cas d'ennui,
  Me ruiner bien vite.
Manger rentes et capitaux,
Équipages, terres, châteaux,
  Serait gai, je l'espère.
Ah! pour voir la fin d'un trésor,
Que dans mes mains pleuve de l'or,
    De l'or,
    De l'or,
  Et j'en fais mon affaire!

LA PRISONNIÈRE ET LE CHEVALIER.

ROMAN DE CHEVALERIE,

GENRE A LA MODE.

Air à faire.

« Ah! s'il passait un chevalier
« Dont le cœur fut tendre et fidèle,
« Et qu'il triomphât du geôlier
« Qui me retient dans la tourelle,
« Je bénirais ce chevalier. »

Par là passait un chevalier
A l'honneur, à l'amour fidèle :
« Dame, dit-il, quel dur geôlier
« Vous retient dans cette tourelle?
« Est-il prélat ou chevalier? »

« C'est mon époux, bon chevalier,
« Qui veut que je lui sois fidèle,
« Et qui me laisse, en vieux geôlier,
« Coucher seule dans la tourelle.
« Délivrez-moi, bon chevalier. »

Soudain le jeune chevalier,
A qui son bon ange est fidèle,
Trompe les regards du geôlier,
Et pénètre dans la tourelle.
Honneur, honneur au chevalier !

La prisonnière au chevalier
Fait promettre un amour fidèle,
Puis se venge de son geôlier
Sur le grabat de la tourelle.
Soyez heureux, beau chevalier !

Alors et dame et chevalier,
Sautant sur un coursier fidèle,
Vont au nez du mari-geôlier
Jeter les clefs de la tourelle.
Puis, adieu dame et chevalier.

Honneur aux galants chevaliers !
Honneur à leurs dames fidèles !
Contre l'hymen et ses geôliers,
Dans les palais, dans les tourelles,
Dieu protége les chevaliers.

LES MARIONNETTES.

Air : La marmotte a mal au pied.

Les marionnettes, croyez-moi,
    Sont les jeux de tout âge :
Depuis l'artisan jusqu'au roi,
    De la ville au village;
Valets, journalistes, flatteurs,
    Dévotes et coquettes,
Ah! sans compter nos grands acteurs,
    Combien de marionnettes!

L'homme, fier de marcher debout,
    Vante son équilibre :
Parce qu'il court et va partout,
    Le pantin se croit libre.
Mais dans combien de mauvais pas
    Sa fortune le jette!
Ah! du destin l'homme ici-bas
    N'est que la marionnette.

Ce tendron des plus innocents,
    Que le désir dévore,
Au trouble secret de ses sens
    Ne conçoit rien encore.
Veiller la nuit, rêver le jour,
    L'étonne et l'inquiète.
Elle a quinze ans : ah! pour l'amour
    La bonne marionnette!

Voyez ce mari parisien
　Que maint galant visite;
Il vous accueille mal ou bien,
　Vous cherche ou vous évite.
Est-il confiant ou jaloux,
　A l'air dont il vous traite?
Non : de sa femme un tel époux
　N'est que la marionnette.

Près des femmes que sommes-nous?
　Des pantins qu'on ballotte.
Messieurs, sautez, faites les fous
　Au gré de leur marotte!
Le plus lourd et le plus subtil
　Font la danse complète;
Et Dieu pourtant n'a mis qu'un fil
　A chaque marionnette.

LE SCANDALE.

Air : La farira dondaine, gai !

Aux drames du jour
Laissons la morale :
Sans vivre à la cour,
J'aime le scandale.
　　Bon!
La farira dondaine,
　　Gai!
　La farira dondé.

Nargue des vertus !
On n'en sait que faire.
Aux sots revêtus
Le tout est de plaire.
  Bon !
La farira dondaine,
  Gai !
La farira dondé.

De ses contes bleus
L'honneur nous assomme.
C'est un vice ou deux
Qui font l'honnête homme.
  Bon !
La farira dondaine,
  Gai !
La farira dondé.

Pour des vins de prix
Vendons tous nos livres.
C'est peu d'être gris ;
Amis, soyons ivres.
  Bon !
La farira dondaine,
  Gai !
La farira dondé.

Grands réformateurs,
Piliers de coulisses,
Chassez les erreurs ;
Nous gardons nos vices.
  Bon !

La farira dondaine,
　　　　Gai!
　　La farira dondé.

　　Paix! dit à ce mot
　　Caton, qui fait rage;
　　Mais il prêche en sot;
　　Moi, je ris en sage.
　　　　Bon!
　　La farira dondaine,
　　　　Gai!
　　La farira dondé.

LE DOCTEUR ET SES MALADES.

A MON MÉDECIN,

LE JOUR DE SA FÊTE.

Air : Ainsi jadis un grand prophète.

Saluons de maintes rasades
Ce docteur à qui je dois tant.
Mais, pour visiter ses malades,
Je crains qu'il n'échappe à l'instant.
A ces soins son art le condamne,
S'il vient un message ennemi.
Fiévreux, buvez votre tisane;
Laissez-nous fêter notre ami.

Oui, que ses malades attendent;
Il est au sein de l'amitié.

Mais vingt jeunes fous le demandent
D'un air qui pourtant fait pitié.
De Vénus amants trop crédules,
Sur leur état qu'ils ont gémi !
Eh ! messieurs, prenez des pilules ;
Laissez-nous fêter notre ami.

Quoi ! ne peut-on venir au monde
Sans l'enlever à ses enfants ?
Certaine personne un peu ronde
Réclame ses secours savants.
J'entends ce tendron qui l'appelle :
Les parents même en ont frémi.
N'accouchez pas, mademoiselle ;
Laissez-nous fêter notre ami.

Qu'il coule gaiement son automne ;
Que son hiver soit encor loin !
Puisse-t-il des soins qu'il nous donne
N'éprouver jamais le besoin !
Puisque enfin dans nos embrassades
Il n'est point heureux à demi,
Mourez sans lui, mourez, malades ;
Laissez-nous fêter notre ami.

A ANTOINE ARNAULT [1],

MEMBRE DE L'INSTITUT,

LE JOUR DE SA FÊTE.

1812.

Air du Ballet des Pierrots.

Je viens d' Montmartre avec ma bête
Pour fêter ce maître malin,
Et n' crains point qu'au milieu d' la fête
Un bon mot m' renvoie au moulin.
On dit qu'avec plus d'un génie
Antoin' prend plaisir à cela.
Nous qui n' somin's pas d' l'Académie,
Souhaitons-lui d' ces p'tits plaisirs-là.

Il n' s'en tient pas à des saillies;
Dans plus d'un genre il est heureux.
J' sais mêm' qu'il fait des tragédies

---

[1] On trouvera peut-être que cette chanson, comme beaucoup d'autres des miennes, était peu digne de voir le jour. En effet, je ne la livre à l'impression que parce qu'elle m'offre l'occasion de payer un tribut d'éloges à l'un de nos littérateurs les plus distingués. Je regrette qu'elle ne soit pas meilleure, et surtout que le ton qui y règne ne m'ait pas permis d'y faire entrer l'expression de ma reconnaissance particulière pour l'homme excellent dont l'amitié me fut si longtemps utile et me sera toujours précieuse (1815).

Quand je fis cette courte note, Arnault était en exil.

Quand il n'est pas trop paresseux [1].
De la Merpomène idolâtre,
Qu'il fass' mourir parci, par-là.
Nous qui n' somm's pas d'z héros d' théâtre,
Souhaitons-lui d' ces p'tits plaisirs-là.

On m'assur' qu'il vient d' faire un livre
Où c' qu'y a du bon, je l' crois bien.
C' docteur-là nous enseigne à vivre
Par la bouch' d'un arbre ou d'un chien.
A messieurs les Polichinelles [2]
Il dit : Vous en voulez, en v'là.
Nous qui n' tenons pas les ficelles,
Souhaitons-lui d' ces p'tits plaisirs-là.

A la cour il s' moqu'rait, je l' gage,
Mêm' de messieurs les chambellans.
De c' pays n'ayant point l' langage,
Il vant' la paix aux conquérants.
A d' grands seigneurs qui n' sont pas minces
Sans ramper toujours il parla.
Nous qu'on n'a pas encor faits princes,
Souhaitons-lui d' ces p'tits plaisirs-là.

Mais, quoiqu' malin, zil est bon homme;
D'mandez à sa fille, à ses fils.
Ah! qu'il soit toujours aimé comme
Il aime ses nombreux amis!

---

[1] Je crois inutile de rappeler ici les succès dramatiques de l'auteur de *Marius*, des *Vénitiens*, etc.

[2] Polichinelle est le héros d'une des plus jolies fables du recueil de M. Arnault, recueil apprécié par tous les gens de goût, et dont la réputation ne peut aller qu'en augmentant.

Que l' secret d' son bonheur suprême
Reste à c' te gross' maman que v'là.
Nous qui sommes d' ceux qu'Antoine aime,
Souhaitons-lui d' ces vrais plaisirs-là.

LE BEDEAU.

Air : Sens devant derrière, sens dessus dessous.

Pauvre bedeau ! métier d'enfer !
La grand'messe aujourd'hui me damne
Pour me régaler du plus cher,
Au beau coin m'attend dame Jeanne.
Voici l'heure du rendez-vous ;
Mais nos prêtres s'endorment tous.
Ah ! maudit soit notre curé !
 Je vais, sacristie !
 Manquer la partie.
Jeanne est prête et le vin tiré,
Ite, missa est, monsieur le curé !

Nos enfants de chœur, j'en réponds,
Devinent ce qui me tracasse.
Dépêchez-vous, petits fripons,
Ou vous aurez des coups de masse.
Chantres, c'est du vin à dix sous ;
Chantez pour moi comme pour vous.
Mais maudit soit notre curé !
 Je vais, sacristie !
 Manquer la partie.
Jeanne est prête et le vin tiré.
Ite, missa est, monsieur le curé !

Notre suisse, allongez le pas;
Surtout faites ranger ces dames.
La quête ne finira pas :
Le vicaire lorgne les femmes.
Ah! si la gentille Babet
Pour se confesser l'attendait!
Mais maudit soit notre curé!
  Je vais, sacristie!
  Manquer la partie.
Jeanne est prête et le vin tiré.
Ite, missa est, monsieur le curé!

Curé, songez à la Saint-Leu :
Ce jour-là vous dîniez en ville.
Quel train vous nous meniez, morbleu!
On passa presque l'évangile.
En faveur de votre bedeau,
Sautez la moitié du *Credo.*
Mais maudit soit notre curé!
  Je vais, sacristie!
  Manquer la partie.
Jeanne est prête et le vin tiré.
Ite, missa est, monsieur le curé!

ON S'EN FICHE!

Air : Le fleuve d'oubli.

De traverse en traverse,
Tout va dans l'univers
 De travers.

Toute femme est perverse,
Tout traiteur exigeant
Pour l'argent.
A tout jeu le sort nous triche ;
Mais enfin est-on gris,
Biribi,
On s'en fiche ! (*Ter.*)

Désespoir d'un ivrogne,
Vient un marchand maudit
Qui vous dit
Qu'en Champagne, en Bourgogne,
Les coteaux sont grêlés,
Et gelés.
A tout sort le jeu nous triche ;
Mais enfin est-on gris,
Biribi,
On s'en fiche !

Oubliez une dette,
Chez vous entre un huissier
Bien grossier,
Qui vend table et couchette,
Et trouve encor de quoi
Pour le roi.
A tout jeu le sort nous triche ;
Mais enfin est-on gris,
Biribi,
On s'en fiche !

Aucun plaisir n'est stable :
Pour boire est on assis

Cinq ou six,
Avant vous sous la table
Tombent deux, trois amis
Endormis.
A tout jeu le sort nous triche ;
Mais enfin est-on gris,
Biribi,
On s'en fiche !

C'est trop d'une maîtresse :
Que je fus malheureux
Avec deux !
Que j'eus peu de sagesse
D'en avoir jusqu'à trois
A la fois !
A tout jeu le sort nous triche ;
Mais enfin est-on gris,
Biribi,
On s'en fiche !

De ma misanthropie
Pardonnez les accès
Et l'excès ;
Car je crains la pépie,
Et je ne vois qu'abus
Et vins bus.
A tout jeu le sort nous triche ;
Mais enfin est-on gris,
Biribi,
On s'en fiche ! (*Ter.*)

JEANNETTE.

Air :

Fi des coquettes maniérées !
Fi des bégueules du grand ton !
Je préfère à ces mijaurées
Ma Jeannette, ma Jeanneton.

    Jeune, gentille, et bien faite,
    Elle est fraîche et rondelette;
    Son œil noir est pétillant.
    Prudes, vous dites sans cesse
    Qu'elle a le sein trop saillant :
    C'est pour ma main qui le presse
    Un défaut bien attrayant.

Fi des coquettes maniérées !
Fi des bégueules du grand ton !
Je préfère à ces mijaurées
Ma Jannette, ma Jeanneton.

    Tout son charme est dans la grâce;
    Jamais rien ne l'embarrasse;
    Elle est bonne et toujours rit.
    Elle dit mainte sottise,
    A parler jamais n'apprit;
    Et cependant, quoi qu'on dise,
    Ma Jeannette a de l'esprit.

Fi des coquettes maniérées !

Fi des bégueules du grand ton !
Je préfère à ces mijaurées
Ma Jeannette, ma Jeanneton.

A table dans une fête,
Cette espiègle me tient tête
Pour les propos libertins.
Elle a la voix juste et pure,
Sait les plus joyeux refrains ;
Quand je l'en prie, elle jure ;
Elle boit de tous les vins.

Fi des coquettes maniérées !
Fi des bégueules du grand ton !
Je préfère à ces mijaurées
Ma Jeannette, ma Jeanneton.

Belle d'amour et de joie,
Jamais d'une riche soie
Son corsage n'est paré.
Sous une toile proprette
Son triomphe est assuré ;
Et, sans nuire à sa toilette,
Je la chiffonne à mon gré.

Fi des coquettes maniérées !
Fi des bégueules du grand ton !
Je préfère à ces mijaurées
Ma Jeannette, ma Jeanneton.

La nuit tout me favorise ;
Point de voile qui me nuise,

Point d'inutiles soupirs.
Des deux mains et de la bouche
Elle attise les désirs,
Et rompit vingt fois sa couche
Dans l'ardeur de nos plaisirs.

Fi des coquettes maniérées !
Fi des bégueules du grand ton !
Je préfère à ces mijaurées
Ma Jeannette, ma Jeanneton.

LES ROMANS.

A SOPHIE,

QUI ME PRIAIT DE COMPOSER UN ROMAN POUR LA DISTRAIRE.

AIR : J'ai vu partout dans mes voyages.

Tu veux que pour toi je compose
Un long roman qui fasse effet.
A tes vœux ma raison s'oppose ;
Un long roman n'est plus mon fait.
Quand l'homme est loin de son aurore,
Tous les romans deviennent courts ;
Et je ne puis longtemps encore
Prolonger celui des amours !

Heureux qui peut dans sa maîtresse
Trouver l'amitié d'une sœur !
Des plaisirs je te dois l'ivresse,
Et des tendres soins la douceur.

Des héros, des prétendus sages
Les longs romans, qui font pitié,
Ne vaudront jamais quelques pages
Du doux roman de l'amitié.

Triste roman que notre histoire !
Mais, Sophie, au sein des amours,
De ton destin, j'aime à le croire,
Les plaisirs charmeront le cours.
Ah ! puisses-tu, vive et jolie,
Longtemps te couronner de fleurs,
Et sur le roman de la vie
Ne jamais répandre de pleurs !

TRAITÉ DE POLITIQUE

A L'USAGE DE LISE.

CENT-JOURS, MAI 1815.

Air : Un magistrat irréprochable.

Lise, qui règnes par la grâce
Du Dieu qui nous rend tous égaux,
Ta beauté, que rien ne surpasse,
Enchaîne un peuple de rivaux.
Mais, si grand que soit ton empire,
Lise, tes amants sont Français ;
De tes erreurs permets de rire,
Pour le bonheur de tes sujets.

Combien les belles et les princes

Aiment l'abus d'un grand pouvoir!
Combien d'amants et de provinces
Poussés enfin au désespoir!
Crains que la révolte ennemie
Dans ton boudoir ne trouve accès;
Lise, abjure la tyrannie,
Pour le bonheur de tes sujets.

Par excès de coquetterie,
Femme ressemble aux conquérants,
Qui vont bien loin de leur patrie
Dompter cent peuples différents.
Ce sont de terribles coquettes!
N'imite pas leurs vains projets.
Lise, ne fais plus de conquêtes,
Pour le bonheur de tes sujets.

Grâce aux courtisans pleins de zèle,
On approche des potentats
Moins aisément que d'une belle
Dont un jaloux suit tous les pas.
Mais sur ton lit, trône paisible,
Où le plaisir rend ses décrets,
Lise, sois toujours accessible,
Pour le bonheur de tes sujets.

Lise, en vain un roi nous assure
Que, s'il règne, il le doit aux cieux,
Ainsi qu'à la simple nature
Tu dois de charmer tous les yeux.
Bien qu'en des mains comme les tiennes
Le sceptre passe sans procès,

De nous il faut que tu le tiennes,
Pour le bonheur de tes sujets.

Pour te faire adorer sans cesse,
Mets à profit ces vérités.
Lise, deviens bonne princesse,
Et respecte nos libertés.
Des roses que l'amour moissonne
Ceins ton front tout brillant d'attraits,
Et garde longtemps ta couronne,
Pour le bonheur de tes sujets.

L'OPINION DE CES DEMOISELLES.

CENT-JOURS, MAI 1815.

Air : Nom d'un chien, j'veut être épicurien.

Quoi ! c'est donc bien vrai qu'on parie
Qu' l'enn'mi va tout r'mettre chez nous
  Sens sus d'ssous.
L' Palais-Royal, qu'est not' patrie,
  S'en réjouirait ;
  Chacun son intérêt.
Aussi point d' fille qui ne crie :
  Viv' nos amis,
  Nos amis les enn'mis !

D' nos Français j' connaissons l's astuces :
Ils n' sont pas aussi bons chrétiens
  Qu' les Prussiens.

Comm' l'argent pleuvait quand les Russes
    F'saient hausser d' prix
  Tout's les filles d' Paris!
J' n'avions pas l' temps d' chercher nos puces.
    Viv' nos amis
  Nos amis les enn'mis!

Mais, puisqu'ils r'vienn't, faut les attendre.
Je r'verrons Bulof, Titchakof,
    Et Platof;
L' bon Saken, dont l' cœur est si tendre,
    Et puis ce cher...
  Ce cher monsieur Blücher :
Ils nous donn'ront tout c' qu'ils vont prendre.
    Viv' nos amis,
  Nos amis les enn'mis!

Drès qu' les plum's de coq vont r'paraître,
J' secourons, d' façon à l' fair' voir,
    Not' mouchoir.
Quant aux amants, j' dois en r'connaître,
    Ça tomb' sous l' sens,
  Au moins deux ou trois cents.
Pour leur entré' louons un' fenêtre.
    Viv' nos amis,
  Nos amis les enn'mis!

J' conviens que d' certain's honnêt's femmes
Tout autant qu' nous en ont pincé
    L'an passé ;
Et qu' nos cosaqu's, pleins d' leurs bell's flammes
    Prenaient l' chemin

Du faubourg Saint-Germain.
Malgré l'tort qu' nous ont fait ces dames,
　　Viv' nos amis,
　Nos amis les enn'mis!

Les affair's s'ront bientôt bâclées,
Si j'en crois un vieux libertin
　　D' sacristain.
Quand y aurait queuqu's maisons d' brûlées,
　　Queuqu's gens d'occis,
　　C'est l' cadet d' nos soucis;
Mais j' rirai bien si j' somm's violées.
　　Vive nos amis,
　Nos amis les enn'mis!

L'HABIT DE COUR,

ou

VISITE A UNE ALTESSE.

Air : Allez-vous-en, gens de la noce.

Ne répondez plus de personne,
Je veux devenir courtisan.
Fripier, vite, que l'on me donne
La défroque d'un chambellan.
Un grand prince à moi s'intéresse;
Courons assiéger son séjour.
　　Ah! quel beau jour! (*Bis.*)
Je vais au palais d'une altesse,
Et j'achète un habit de cour.

Déjà, me tirant par l'oreille,
L'ambition hâte mes pas,
Et mon riche habit me conseille
D'apprendre à m'incliner bien bas.
Déjà l'on me fait politesse,
Déjà l'on m'attend au retour.
  Ah! quel beau jour!
Je vais saluer une altesse,
Et je porte un habit de cour.

N'ayant point encor d'équipage,
Je pars à pied modestement,
Quand de bons vivants, au passage,
M'offrent un déjeuner charmant.
J'accepte; mais que l'on se presse,
Dis-je à ceux qui me font ce tour.
  Ah! quel beau jour!
Messieurs, je vais voir une altesse;
Respectez mon habit de cour.

Le déjeuner fait, je m'esquive;
Mais l'un de nos anciens amis
Me réclame, et, joyeux convive,
A sa noce je suis admis.
Nombreux flacons, chants d'allégresse,
De notre table font le tour.
  Ah! quel beau jour!
Pourtant j'allais voir une altesse,
Et j'ai mis un habit de cour!

Enfin, malgré l'aï qui mousse,
J'en veux venir à mon honneur.

Tout en chancelant, je me pousse
Jusqu'au palais de monseigneur.
Mais, à la porte où l'on se presse,
Je vois Rose, Rose et l'amour.
    Ah! quel beau jour!
Rose, qui vaut bien une altesse,
N'exige point l'habit de cour.

Loin du palais où la coquette
Vient parfois lorgner la grandeur,
Elle m'entraîne à sa chambrette,
Si favorable à notre ardeur.
Près de Rose, je le confesse,
Mon habit me paraît bien lourd.
    Ah! quel beau jour!
Soudain, oubliant son altesse,
J'ai quitté mon habit de cour.

D'une ambition vaine et sotte
Ainsi le rêve disparaît.
Gaiement je reprends ma marotte,
Et m'en retourne au cabaret.
Là je m'endors dans une ivresse
Qui n'a point de fâcheux retour.
    Ah! quel beau jour!
A qui voudra voir son altesse
Je donne mon habit de cour.

PLUS DE POLITIQUE.

JUILLET 1815.

Air : Ce jour-là, sous son ombrage.

Ma mie, ô vous que j'adore,
Mais qui vous plaignez toujours
Que mon pays ait encore
Trop de part à mes amours !
Si la politique ennuie,
Même en frondant les abus,
  Rassurez-vous, ma mie,
  Je n'en parlerai plus.

Près de vous, j'en ai mémoire,
Donnant prise à mes rivaux,
Des arts, enfants de la gloire,
Je racontais les travaux.
A notre France agrandie
Ils prodiguaient leurs tributs.
  Rassurez-vous, ma mie,
  Je n'en parlerai plus.

Moi, peureux dont on se raille,
Après d'amoureux combats
J'osais vous parler bataille
Et chanter nos fiers soldats.
Par eux la terre asservie
Voyait tous ses rois vaincus.

Rassurez-vous, ma mie,
Je n'en parlerai plus.

Sans me lasser de vos chaînes,
J'invoquais la liberté;
Du nom de Rome et d'Athènes,
J'effrayais votre gaieté.
Quoique au fond je me défie
De nos modernes Titus,
Rassurez-vous, ma mie,
Je n'en parlerai plus.

La France que rien n'égale,
Et dont le monde est jaloux,
Était la seule rivale
Qui fut à craindre pour vous.
Mais, las! j'ai pour ma patrie
Fait trop de vœux superflus.
Rassurez-vous, ma mie,
Je n'en parlerai plus.

Oui, ma mie, il faut vous croire;
Faisons d'obscurs loisirs.
Sans plus songer à la gloire,
Dormons au sein des plaisirs.
Sous une ligue ennemie
Les Français sont abattus.
Rassurez-vous, ma mie,
Je n'en parlerai plus.

MARGOT.

Air : Car c'est une bouteille.

Chantons Margot, nos amours,
Margot, leste et bien tournée,
Que l'on peut baiser toujours,
Qui toujours est chiffonnée.
Quoi! l'embrasser? dit un sot.
Oui, c'est l'humeur de Margot.
　Moquons-nous de ce Blaise :
Viens, Margot, viens qu'on te baise.

D'un lutin c'est tout l'esprit;
C'est un cœur de tourterelle.
Si le matin elle rit,
Le soir elle vous querelle.
Quoi! se fâcher? dit un sot.
Oui, c'est l'humeur de Margot.
　Voilà comme on l'apaise :
Viens, Margot, viens qu'on te baise.

Le verre en main, voyez-la;
Comme à table elle babille!
Quel air et quels yeux elle a
Quand le Champagne pétille!
Quoi! l'air décent? dit un sot.
Oui, c'est l'humeur de Margot.
　Mets ta pudeur à l'aise :
Viens, Margot, viens qu'on te baise.

Qu'elle est bien au piano !
Sa voix nous charme et nous touche.
Mais devant un *soprano*
Elle n'ouvre point la bouche.
Quoi ! par pitié ? dit un sot.
Oui, c'est l'humeur de Margot.
　Ici point d'Albanèse :
Viens, Margot, viens qu'on te baise.

L'amour, à point la servant,
Fait pour Margot feu qui flambe ;
Mais par elle il est souvent
Traité par-dessous la jambe.
Quoi ! par-dessous ? dit un sot.
Oui, c'est l'humeur de Margot.
　Il faut bien qu'il s'y plaise :
Viens, Margot, viens qu'on te baise.

Margot tremble que l'hymen
De sa main ne se saisisse ;
Car elle tient à sa main,
Qui parfois lui rend service.
Quoi ! pour broder ? dit un sot.
Oui, c'est l'humeur de Margot.
　Que fais-tu sur ta chaise ?
Viens, Margot, viens qu'on te baise.

Point d'éloges incomplets,
S'écriera cette brunette :
A moins de douze couplets,
Au diable une chansonnette !
Quoi ! douze ou rien ? dit un sot.

Oui, c'est l'humeur de Margot.
Nous t'en promettons treize :
Viens, Margot, viens qu'on te baise.

A MON AMI DÉSAUGIERS,

QUI VENAIT D'ÊTRE NOMMÉ DIRECTEUR DU VAUDEVILLE.

DÉCEMBRE 1815.

Air : La Catacoua.

Bon Désaugiers, mon camarade,
Mets dans tes poches deux flacons ;
Puis rassemble, en versant rasade,
Nos auteurs piquants et féconds.
Ramène-les dans l'humble asile
Où renaît le joyeux refrain.
  Eh ! va ton train,
  Gai boute-en-train !
Mets-nous en train, bien en train, tous en train,
 Et rends enfin au Vaudeville
 Ses grelots et son tambourin.

Rends-lui, s'il se peut, le cortége
Qu'à la Foire il a fait briller :
L'ombre de Panard te protége ;
Vadé semble te conseiller.
Fais-nous apparaître à la file
Jusqu'aux enfants de Tabarin.
  Eh ! va ton train,
  Gai boute-en-train !

Mets-nous en train, bien en train, tous en train,
  Et rends enfin au Vaudeville
  Ses grelots et son tambourin.

Au lieu de fades épigrammes,
Qu'il aiguise un couplet gaillard :
Collé, quoiqu'en disent nos dames,
Est un fort honnête égrillard.
La gaudriole, qu'on exile,
Doit refleurir sur son terrain.
    Eh ! va ton train,
    Gai boute-en-train !
Mets-nous en train, bien en train, tous en train,
  Et rends enfin au Vaudeville
  Ses grelots et son tambourin.

Malgré messieurs de la police,
Le Vaudeville est né frondeur :
Des abus fais ton bénéfice ;
Force les grands à la pudeur ;
Dénonce tout flatteur servile
A la gaieté du souverain.
    Eh ! va ton train,
    Gai boute-en-train !
Mets-nous en train, bien en train, tous en train,
  Et rends enfin au Vaudeville,
  Ses grelots et son tambourin.

Sur la scène où, plus à son aise,
Avec toi Momus va siéger,
Relève la gaieté française
A la barbe de l'étranger.
La chanson est une arme utile

Qu'on oppose à plus d'un chagrin.
    Eh ! va ton train,
    Gai boute-en-train !
Mets-nous en train, bien en train, tous en train,
    Et rends enfin au Vaudeville
    Ses grelots et son tambourin.

Verse, ami, verse donc à boire;
Que nos chants reprennent leur cours.
Il nous faut consoler la gloire;
Il faut rassurer les amours.
Nous cultivons un champ fertile
Qui n'attend qu'un ciel plus serein.
    Eh ! va ton train,
    Gai boute-en-train !
Mets-nous en train, bien en train, tous en train,
    Et rends enfin au Vaudeville
    Ses grelots et son tambourin.

MA VOCATION.

AIR : Attendez-moi sous l'orme.

Jeté sur cette boule,
Laid, chétif et souffrant;
Étouffé dans la foule,
Faute d'être assez grand;
Une plainte touchante
De ma bouche sortit;
Le bon Dieu me dit : Chante,
Chante, pauvre petit ! (*Bis.*)

Le char de l'opulence
M'éclabousse en passant;
J'éprouve l'insolence
Du riche et du puissant;
De leur morgue tranchante
Rien ne nous garantit.
Le bon Dieu me dit : Chante,
Chante, pauvre petit!

D'une vie incertaine
Ayant eu de l'effroi,
Je rampe sous la chaîne
Du plus modique emploi.
La liberté m'enchante,
Mais j'ai grand appétit.
Le bon Dieu me dit : Chante,
Chante, pauvre petit!

L'Amour, dans ma détresse,
Daigna me consoler;
Mais avec la jeunesse
Je le vois s'envoler.
Près de beauté touchante
Mon cœur en vain pâtit.
Le bon Dieu me dit : Chante,
Chante, pauvre petit!

Chanter, ou je m'abuse,
Est ma tâche ici-bas.
Tous ceux qu'ainsi j'amuse
Ne m'aimeront-ils pas?
Quand un cercle m'enchante,

Quand le vin divertit,
Le bon Dieu me dit : Chante,
Chante, pauvre petit !

LE VILAIN.

Air de Ninon chez madame de Sévigné.

Hé quoi ! j'apprends que l'on critique
Le *de* qui précède mon nom.
Êtes-vous de noblesse antique ?
Moi, noble ? oh ! vraiment, messieurs, non.
Non, d'aucune chevalerie
Je n'ai le brevet sur vélin.
Je ne sais qu'aimer ma patrie... (*Bis.*)
Je suis vilain et très-vilain... (*Bis.*)
    Je suis vilain,
    Vilain, vilain.

Ah ! sans un *de* j'aurais dû naître ;
Car, dans mon sang si j'ai bien lu,
Jadis mes aïeux ont d'un maître
Maudit le pouvoir absolu.
Ce pouvoir, sur sa vieille base,
Étant la meule du moulin,
Ils étaient le grain qu'elle écrase.
Je suis vilain et très-vilain,
    Je suis vilain,
    Vilain, vilain.

Mes aïeux jamais dans leurs terres
N'ont vexé des serfs indigents ;

Jamais leurs nobles cimeterres
Dans les bois n'ont fait peur aux gens.
Aucun d'eux, las de sa campagne,
Ne fut transformé par Merlin [1]
En chambellan de... Charlemagne.
Je suis vilain et très-vilain,
  Je suis vilain,
  Vilain, vilain.

Jamais aux discordes civiles
Mes braves aïeux n'ont pris part;
De l'Anglais aucun dans nos villes
N'introduisit le léopard;
Et quand l'Église, par sa brigue,
Poussait l'État vers son déclin,
Aucun d'eux n'a signé la Ligue.
Je suis vilain et très-vilain,
  Je suis vilain,
  Vilain, vilain.

Laissez-moi donc sous ma bannière,
Vous, messieurs, qui, le nez au vent,
Nobles par votre boutonnière,
Encensez tout soleil levant.
J'honore une race commune,
Car, sensible, quoique malin,
Je n'ai flatté que l'infortune. (*Bis.*)
Je suis vilain et très-vilain... (*Bis.*)
  Je suis vilain,
  Vilain, vilain.

---

[1] Enchanteur fameux dans les romans de la Table ronde.

LE VIEUX MÉNÉTRIER.

NOVEMBRE 1815.

Air : C'est un lanla, landerirette.

Je ne suis qu'un vieux bonhomme,
Ménétrier du hameau ;
Mais pour sage on me renomme,
Et je bois mon vin sans eau.
Autour de moi sous l'ombrage
Accourez vous délasser.
Eh ! lon lan la, gens de village,
Sous mon vieux chêne il faut danser.

Oui, dansez sous mon vieux chêne ;
C'est l'arbre du cabaret.
Au bon temps toujours la haine
Sous ses rameaux expirait.
Combien de fois son feuillage
Vit nos aïeux s'embrasser !
Eh ! lon lan la, gens de village,
Sous mon vieux chêne il faut danser.

Du château plaignez le maître,
Quoiqu'il soit votre seigneur :
Il doit du calme champêtre
Vous envier le bonheur ;
Triste au fond d'un équipage,
Quand là-bas il va passer,

Eh! lon lan la, gens de village,
Sous mon vieux chêne il faut danser.

Loin de maudire à l'église
Celui qui vit sans curé,
Priez que Dieu fertilise
Son grain, sa vigne, son pré.
Au plaisir s'il rend hommage,
Qu'il vienne ici l'encenser.
Eh! lon lan la, gens de village,
Sous mon vieux chêne il faut danser.

Quand d'une faible charmille
Votre héritage est fermé,
Ne portez plus la faucille
Au champ qu'un autre a semé.
Mais, sûrs que cet héritage
A vos fils devra passer,
Eh! lon lan la, gens du village,
Sous mon vieux chêne il faut danser.

Quand la paix répand son baume
Sur les maux qu'on endura,
N'exilez point de son chaume
L'aveugle qui s'égara.
Rappelant après l'orage
Ceux qu'il a pu disperser,
Eh! lon lan la, gens de village,
Sous mon vieux chêne il faut danser.

Écoutez donc le bon homme;
Sous son chêne accourez tous.

10.

De pardonner je vous somme :
Mes enfants, embrassez-vous.
Pour voir ainsi d'âge en âge
Chez nous la paix se fixer,
Eh! lon lan la, gens de village,
Sous mon vieux chêne il faut danser.

LES OISEAUX.

COUPLETS

ADRESSÉS A M. ARNAULT, PARTANT POUR SON EXIL.

JANVIER 1816.

AIR :

L'hiver, redoublant ses ravages,
Désole nos toits et nos champs;
Les oiseaux sur d'autres rivages
Portent leurs amours et leurs chants.
Mais le calme d'un autre asile
Ne les rendra pas inconstants :
Les oiseaux que l'hiver exile
Reviendront avec le printemps.

A l'exil le sort les condamne,
Et plus qu'eux nous en gémissons!
Du palais et de la cabane
L'écho redisait leurs chansons.
Qu'ils aillent d'un bord plus tranquille
Charmer les heureux habitants.
Les oiseaux que l'hiver exile
Reviendront avec le printemps.

Oiseaux fixés sur cette plage,
Nous portons envie à leur sort.
Déjà plus d'un sombre nuage
S'élève et gronde au fond du Nord.
Heureux qui sur une aile agile
Peut s'éloigner quelques instants !
Les oiseaux que l'hiver exile
Reviendront avec le printemps.

Ils penseront à notre peine,
Et, l'orage enfin dissipé,
Ils reviendront sur le vieux chêne
Que tant de fois il a frappé.
Pour prédire au vallon fertile
De beaux jours alors plus constants,
Les oiseaux que l'hiver exile
Reviendront avec le printemps.

LES DEUX SOEURS DE CHARITÉ.

Air de la Treille de sincérité.

Dieu lui-même
Ordonne qu'on aime.
Je vous le dis, en vérité :
Sauvez-vous par la charité. (*Bis.*)

Vierge défunte, une sœur grise
Aux portes des cieux rencontra
Une beauté leste et bien mise
Qu'on regrettait à l'Opéra. (*Bis.*)

Toutes deux, dignes de louanges,
Arrivaient après d'heureux jours,
L'une sur les ailes des anges,
L'autre dans les bras des Amours.

Dieu lui-même
Ordonne qu'on aime.
Je vous le dis, en vérité :
Sauvez-vous par la charité.

Là-haut, saint Pierre en sentinelle,
Après un *Ave* pour la sœur,
Dit à l'actrice : On peut, ma belle,
Entrer chez nous sans confesseur.
Elle s'écrie : Ah! quoique bonne,
Mon corps à peine est inhumé !
Mais qu'à mon curé Dieu pardonne ;
Hélas! il n'a jamais aimé.

Dieu lui-même
Ordonne qu'on aime.
Je vous le dis, en vérité :
Sauvez-vous par la charité.

Dans les palais et sous le chaume,
Moi, dit la sœur, j'ai de mes mains
Distillé le miel et le baume
Sur les souffrances des humains.
Moi, qui subjuguais la puissance,
Dit l'actrice, j'ai bien des fois
Fait savourer à l'indigence
La coupe où s'enivraient les rois.

Dieu lui-même
Ordonne qu'on aime.
Je vous le dis, en vérité :
Sauvez-vous par la charité.

Oui, reprend la sainte colombe,
Mieux qu'un ministre des autels,
A descendre en paix dans la tombe
Ma voix préparait les mortels.
Offrant à ceux qui m'ont suivie,
Dit la nymphe, une douce erreur,
Moi, je faisais chérir la vie :
Le plaisir fait croire au bonheur.

Dieu lui-même
Ordonne qu'on aime.
Je vous le dis, en vérité :
Sauvez-vous par la charité.

Aux bons cœurs, ajoute la nonne,
Quand mes prières s'adressaient,
Du riche je portais l'aumône
Aux pauvres qui me bénissaient.
Moi, dit l'autre, par la détresse
Voyant l'honnête homme abattu,
Avec le prix d'une caresse,
Cent fois j'ai sauvé la vertu.

Dieu lui-même
Ordonne qu'on aime.
Je vous le dis, en vérité :
Sauvez-vous par la charité.

Entrez, entrez, ô tendres femmes !
Répond le portier des élus :
La charité remplit vos âmes ;
Mon Dieu n'exige rien de plus.
On est admis dans son empire,
Pourvu qu'on ait séché des pleurs,
Sous la couronne du martyre,
Ou sous des couronnes de fleurs.

   Dieu lui-même
  Ordonne qu'on aime.
Je vous le dis, en vérité :
Sauvez-vous par la charité.

COMPLAINTE

D'UNE DE CES DEMOISELLES

A L'OCCASION DES AFFAIRES DU TEMPS.

NOVEMBRE 1816.

Air : Faut d'la vertu, pas trop n'en faut.

Faut qu'lord Villain-ton ait tout pris, } *Bis.*
Gn'a plus d'argent dans c' gueux d' Paris. }

Du métier d'fille j' me dégoûte :
C' commerce n' rapporte plus rien ;
Mais si l' public nous fait banqu'route,
C'est qu' les affaires n' vont pas bien.

Faut qu' lord Villain-ton ait tout pris,
Gn'a plus d'argent dans c' gueux d' Paris.

Au bonheur on fait semblant d' croire;
Mais j'en jug' mieux qu' tous les flatteurs.
Si d' la cour je n' savais l'histoire,
J' croirais quasi qu'on a des mœurs.

Faut qu' lord Villain-ton ait tout pris,
Gn'a plus d'argent dans c' gueux d' Paris.

Nous servions d' maîtress's et d' modèles
A nos peintres gorgés d'écus.
J' crois qu'à leux femm's y sont fidèles
D'puis qu' les modèles n' servent plus.

Faut qu' lord Villain-ton ait tout pris.
Gn'a plus d'argent dans c' gueux d' Paris.

Quand gn'a pas l' moindr' profit-z à faire
Sur tant d' réformés mécontents,
Les juges p't-êtr' f'raient not' affaire,
Mais l' roi n' leux en laisse pas l' temps.

Faut qu' lord Villain-ton ait tout pris,
Gn'a plus d'argent dans c' gueux d' Paris.

Enfin je n' trouvons plus not' compte
Avec nos braves qu' l'on vexa.
Vu leux misère, y aurait d' la honte
A leux d' mander queuqu' chos' pour ça.

Faut qu' lord Villain-ton ait tout pris.

Gn'a plus d'argent dans c' gueux d' Paris.

Heureus'ment qu' monsieur Laborie
A nous servir s'est-z engagé :
Comme un diable y s' démène, y crie,
Pour qu'on rend' les biens du clergé.

Faut qu' lord Villain-ton ait tout pris,
Gn'a plus d'argent dans c' gueux d' Paris.

CE N'EST PLUS LISETTE.

Air : Eh! non, non, non, vous n'êtes pas Ninette.

Quoi! Lisette, est-ce vous?
Vous, en riche toilette!
Vous, avec des bijoux!
Vous, avec une aigrette!
  Eh! non, non, non,
Vous n'êtes plus Lisette.
  Eh! non, non, non,
  Ne portez plus ce nom.

Vos pieds dans le satin
N'osent fouler l'herbette;
Des fleurs de votre teint
Où faites-vous emplette?
  Eh! non, non, non,
Vous n'êtes plus Lisette.
  Eh! non, non, non,
  Ne portez plus ce nom.

Dans un lieu décoré
De tout ce qui s'achète,
L'opulence a doré
Jusqu'à votre couchette.
　Eh! non, non, non,
Vous n'êtes plus Lisette.
　Eh! non, non, non,
Ne portez plus ce nom.

Votre bouche sourit
D'une façon discrète.
Vous montrez de l'esprit :
Du mois on le répète.
　Eh! non, non, non,
Vous n'êtes plus Lisette.
　Eh! non, non, non,
Ne portez plus ce nom.

Comme ils sont loin, ces jours
Où, dans votre chambrette,
La reine des amours
N'était qu'une grisette!
　Eh! non, non, non,
Vous n'êtes plus Lisette.
　Eh! non, non, non,
Ne portez plus ce nom.

Quand d'un cœur amoureux
Vous prisiez la conquête;
Vous faisiez dix heureux
Et n'étiez pas coquette.
　Eh! non, non, non,

Vous n'êtes plus Lisette.
 Eh! non, non, non,
Ne portez plus ce nom.

Maîtresse d'un seigneur
Qui paya sa défaite,
De l'ombre du bonheur
Vous êtes satisfaite.
 Eh! non, non, non,
Vous n'êtes plus Lisette.
 Eh! non, non, non,
Ne portez plus ce nom.

Si l'Amour est un dieu,
C'est près d'une fillette.
Adieu, madame, adieu :
En duchesse on vous traite.
 Eh! non, non, non,
Vous n'êtes plus Lisette.
 Eh! non, non, non,
Ne portez plus ce nom.

L'HIVER.

Air : Une fille est un oiseau.

Les oiseaux nous ont quittés;
Déjà l'hiver qui les chasse
Étend son manteau de glace
Sur nos champs et nos cités.
A mes vitres scintillantes

Il trace des fleurs brillantes ;
Il rend mes portes bruyantes,
Et fait grelotter mon chien.
Réveillons, sans plus attendre,
Mon feu qui dort sous la cendre.
Chauffons-nous, chauffons-nous bien. (*Bis*.)

O voyageur imprudent !
Retourne vers ta famille.
J'en crois mon feu qui pétille :
Le froid devient plus ardent;
Moi, j'en puis braver l'injure :
Rose, en douillette, en fourure,
Ici contre la froidure
Vient m'offrir un doux soutien.
Rose, tes mains sont de glace;
Sur mes genoux prends ta place.
Chauffons-nous, chauffons-nous bien.

L'ombre s'avance, et la nuit
Roule son char sur la neige.
Rose, l'amour nous protége ;
C'est pour nous que le jour fuit.
Mais un couple nous arrive;
Joyeux ami, beauté vive,
Entrez tous deux sans qui vive !
Le plaisir n'y perdra rien.
Moins de froid que de tendresse,
Autour du feu qu'on se presse.
Chauffons-nous, chauffons-nous bien.

Les caresses ont cessé

Devant la lampe indiscrète.
Un festin que Rose apprête
Gaiement par nous est dressé.
Notre ami s'est fait, à table,
D'un brigand bien redoutable
Et d'un spectre épouvantable
Le fidèle historien.
Tandis que le punch s'allume,
Beau du feu qui le consume,
Chauffons-nous, chauffons-nous bien.

Sombre hiver, sous tes glaçons
Ensevelis la nature;
Ton aquilon, qui murmure,
Ne peut troubler nos chansons.
Notre esprit, qu'amour seconde,
Au coin du feu crée un monde
Qu'un doux ciel toujours féconde,
Où s'aimer tient lieu de bien.
Que nos portes restent closes,
Et, jusqu'au retour des roses,
Chauffons-nous, chauffons-nous bien.

LE MARQUIS DE CARABAS.

NOVEMBRE 1816.

Air du roi Dagobert.

Voyez ce vieux marquis
Nous traiter en peuple conquis;
Son coursier décharné

De loin chez nous l'a ramené.
 Vers son vieux castel
 Ce noble mortel
 Marche en brandissant
 Un sabre innocent.
 Chapeau bas! chapeau bas!
Gloire au marquis de Carabas!

Aumôniers, châtelains,
Vassaux, vavassaux et vilains,
 C'est moi, dit-il, c'est moi
Qui seul ai rétabli mon roi.
 Mais s'il ne me rend
 Les droits de mon rang,
 Avec moi, corbleu!
 Il verra beau jeu.
 Chapeau bas! chapeau bas!
Gloire au marquis de Carabas!

 Pour me calomnier,
Bien qu'on ait parlé d'un meunier,
 Ma famille eut pour chef
Un des fils de Pépin le Bref.
 D'après mon blason,
 Je crois ma maison
 Plus noble, ma foi,
 Que celle du roi.
 Chapeau bas! chapeau bas!
Gloire au marquis de Carabas!

 Qui me résisterait?
La marquise a le tabouret.

Pour être évêque un jour
Mon dernier fils suivra la cour.
 Mon fils le baron,
 Quoique un peu poltron,
 Veut avoir des croix :
 Il en aura trois.
Chapeau bas! chapeau bas!
Gloire au marquis de Carabas!

Vivons donc en repos.
Mais l'on m'ose parler d'impôts!
A l'État, pour son bien,
Un gentilhomme ne doit rien.
 Grâce à mes créneaux,
 A mes arsenaux,
 Je puis au préfet
 Dire un peu son fait.
Chapeau bas! chapeau bas!
Gloire au marquis de Carabas!

Prêtres que nous vengeons,
Levez la dîme, et partageons;
Et toi, peuple animal,
Porte encor le bât féodal.
 Seuls nous chasserons,
 Et tous vos tendrons
 Subiront l'honneur
 Du droit du seigneur.
Chapeau bas! chapeau bas!
Gloire au marquis de Carabas!

Curé, fais ton devoir,

Remplis pour moi ton encensoir.
   Vous, pages et varlets,
Guerre aux vilains, et rossez-les !
     Que de mes aïeux
     Ces droits glorieux
     Passent tout entiers
     A mes héritiers.
   Chapeau bas ! chapeau bas !
Gloire au marquis de Carabas !

MA RÉPUBLIQUE.

Air du vaudeville de la Petite Gouvernante.

J'ai pris goût à la république
Depuis que j'ai vu tant de rois.
Je m'en fais une, et je m'applique
A lui donner de bonnes lois.
On n'y commerce que pour boire,
On n'y juge qu'avec gaieté ;
Ma table est tout son territoire ;
Sa devise est la liberté.

Amis, prenons tous notre verre :
Le sénat s'assemble aujourd'hui.
D'abord, par un arrêt sévère,
A jamais proscrivons l'ennui.
Quoi ! proscrire ? Ah ! ce mot doit être
Inconnu dans notre cité.
Chez nous l'ennui ne pourra naître :
Le plaisir suit la liberté.

Du luxe, dont elle est blessée,
La joie ici défend l'abus;
Point d'entraves à la pensée;
Par ordonnance de Bacchus.
A son gré que chacun professe
Le culte de sa déité;
Qu'on puisse aller même à la messe :
Ainsi le veut la liberté.

La noblesse est trop abusive :
Ne parlons point de nos aïeux.
Point de titre, même au convive
Qui rit le plus ou boit le mieux.
Et si quelqu'un, d'humeur traîtresse,
Aspirait à la royauté,
Plongeons ce César dans l'ivresse,
Nous sauverons la liberté.

Trinquons à notre république,
Pour voir son destin affermi.
Mais ce peuple si pacifique
Déjà redoute un ennemi :
C'est Lisette qui nous rappelle
Sous les lois de la volupté.
Elle veut régner, elle est belle;
C'en est fait de la liberté.

L'IVROGNE ET SA FEMME.

Air : Quand les bœufs vont deux à deux.

Trinquons, et toc, et tin, tin, tin !
Jean, tu bois depuis le matin.
　Ta femme est une vertu :
　Ce soir tu seras battu.

　Tandis que dans sa mansarde
　Jeanne veille et qu'il lui tarde
　De voir rentrer son mari,
　Maître Jean, à la guinguette,
　A ses amis en goguette
　Chante son refrain chéri :

Trinquons, et toc, et tin, tin, tin !
Jean, tu bois depuis le matin.
　Ta femme est une vertu :
　Ce soir tu seras battu.

　Jeanne pour moi seule est tendre,
　Dit-il ; laissons-la m'attendre.
　Mais, maudissant son époux,
　Jeanne, la puce à l'oreille,
　Bat sa chatte que réveille
　La tendresse des matous.

Trinquons, et toc, et tin, tin, tin !

Jean, tu bois depuis le matin.
Ta femme est une vertu :
Ce soir tu seras battu.

Livrant sa femme au veuvage,
Jean se perd dans son breuvage;
Et, prête à se mettre au lit,
Jeanne, qui verse des larmes,
Dit en regardant ses charmes :
C'est son verre qu'il remplit !

Trinquons, et toc, et tin, tin, tin !
Jean, tu bois depuis le matin.
Ta femme est une vertu :
Ce soir tu seras battu.

Pour allumer sa chandelle,
Un voisin frappe chez elle;
Jeanne ouvre après un refus.
Que Jean boive, chante ou fume,
Je ne sais ce qu'elle allume,
Mais je sais qu'on n'y voit plus.

Trinquons, et toc, et tin, tin, tin !
Jean, tu bois depuis le matin.
Ta femme est une vertu :
Ce soir tu seras battu.

En rajustant sa cornette,
Ah! qu'on souffre, dit Jeannette,
Quand on attend son époux
Ma vengeance est bien modeste;

Avec lui je suis en reste :
Il a bu plus de dix coups.

Trinquons, et toc, et tin, tin, tin !
Jean, tu bois depuis le matin.
  Ta femme est une vertu :
  Ce soir tu seras battu.

A demain! se dit le couple :
L'époux rentre, et son dos souple
N'en subit pas moins l'arrêt.
Il s'écrie : Amour fait rage!
Demain, puisque Jeanne est sage,
Répétons au cabaret :

Trinquons, et toc, et tin, tin, tin !
Jean, tu bois depuis le matin.
  Ta femme est une vertu :
  Ce soir tu seras battu.

PAILLASSE.

1816.

Air : Amis, dépouillons nos pommiers.

J' suis né Paillasse, et mon papa,
  Pour m' lancer sur la place,
D'un coup d' pied queuqu' part m'attrapa,
  Et m' dit : Saute, Paillasse!
    T'as l' jarret dispos,

Quoiqu' t'ai' l' ventre gros
Et la fac' rubiconde.
N' saut' point-z à demi,
Paillass', mon ami :
Saute pour tout le monde !

Ma mèr', qui poussait des hélas
En m' voyant prendr' ma course,
M'habille avec son seul mat'las,
M' disant : Ce fut ma r'ssource ;
Là-d'ssous fais, mon fils,
Ce que d'ssus je fis
Pour gagner la pièc' ronde.
N' saut' point-z à demi,
Paillass', mon ami :
Saute pour tout le monde !

Content comme un gueux, j' m'en allais,
Quand un seigneur m'arrête,
Et m' donn' l'emploi, dans son palais,
D'un p'tit chien qu'il regrette.
Le chien sautait bien,
J' surpasse le chien ;
Plus d'un envieux en gronde.
N' saut' point-z à demi,
Paillass', mon ami :
Saute pour tout le monde !

J' buvais du bon, mais un hasard,
Où j' n'ons rien mis du nôtre,
Fait qu' monseigneur n'est qu'un bâtard,
Et qu'il en vient-z un autre.

Fi du dépouillé
Qui m'a bien payé !
Fêtons l'autre à la ronde.
N' saut' point-z à demi,
Paillass', mon ami :
Saute pour tout le monde !

A peine a-t-on fêté c'lui-ci,
Que l' premier r'vient-z en traître
Moi qu'aime à dîner, Dieu merci,
J' saute encor sous sa f'nêtre.
Mais le v'là r'chassé,
V'là l'autre r'placé.
Viv' ceux que Dieu seconde !
N' saut' point-z à demi,
Paillass', mon ami :
Saute pour tout le monde !

Vienn' qui voudra, j' saut'rai toujours,
N' faut point qu' la r'cette baisse.
Boir', manger, rire et fair' des tours,
Voyez comm' ça m'engraisse.
En gens qui, ma foi,
Saut' moins gaiement qu' toi
Puisque l' pays abonde,
N' saut' point-z à demi,
Paillass', mon ami :
Saute pour tout le monde !

MON AME.

1816.

Air des Scythes et des Amazones.

C'est à table, quand je m'enivre
De gaieté, de vin et d'amour,
Qu'incertain du temps qui va suivre,
J'aime à prévoir mon dernier jour. (*Bis.*)
Il semble alors que mon âme me quitte.
Adieu! lui dis-je, à ce banquet joyeux :
Ah! sans regret, mon âme, partez vite; *Bis.*
En souriant remontez dans les cieux.
   Remontez, remontez dans les cieux. (*Bis.*)

Vous prendrez la forme d'un ange;
De l'air vous parcourrez les champs.
Votre joie, enfin sans mélange,
Vous dictera les plus doux chants.
L'aimable paix, que la terre a proscrite,
Ceindra de fleurs votre front radieux.
Ah! sans regret, mon âme, partez vite;
En souriant remontez dans les cieux.
   Remontez, remontez dans les cieux.

Vous avez vu tomber la gloire
D'un Ilion trop insulté,
Qui prit l'autel de la Victoire

Pour l'autel de la Liberté.
Vingt nations ont poussé de Thersite
Jusqu'en nos murs le char injurieux.
Ah! sans regret, mon âme, partez vite;
En souriant remontez dans les cieux.
   Remontez, remontez dans les cieux.

   Cherchez au-dessus des orages
   Tant de Français morts à propos,
    Qui, se dérobant aux outrages,
    Ont au ciel porté leurs drapeaux.
Pour conjurer la foudre qu'on irrite,
Unissez-vous à tous ces demi-dieux.
Ah! sans regret, mon âme, partez vite;
En souriant remontez dans les cieux.
   Remontez, remontez dans les cieux.

   La Liberté, vierge féconde,
   Règne aux cieux, qui vous sont ouverts.
   L'amour seul m'aidait en ce monde
    A traîner de pénibles fers.
Mais, dès demain, je crains qu'il ne m'évite;
Pauvre captif, demain je serai vieux.
Ah! sans regret, mon âme, partez vite;
En souriant remontez dans les cieux.
   Remontez, remontez dans les cieux.

   N'attendez plus, partez, mon âme,
   Doux rayon de l'astre éternel!
   Mais passez des bras d'une femme
    Au sein d'un Dieu tout paternel.
L'aï pétille à défaut d'eau bénite;

De vrais amis viennent fermer mes yeux.
Ah! sans regret, mon âme, partez vite;
En souriant remontez dans les cieux.
Remontez, remontez dans les cieux.

LE JUGE DE CHARENTON [1].

NOVEMBRE 1816.

Air de la Codaqui

Un maître fou qui, dit-on,
Fit jadis mainte fredaine,
Des loges de Charenton
S'est enfui l'autre semaine.
Chez un juge qui griffonnait,
Il arrive et prend simarre et bonnet.
Puis à l'audience, hors d'haleine,
Il entre et soudain dit : *Prechi! Precha!*
Et patati, et patata.
Prêtons bien l'oreille à ce discours-là.

[1] Il n'y a point de mauvais discours que ne puisse faire oublier une action généreuse ; et rien n'est plus honorable, selon moi, que la protection accordée à des infortunés placés sous le poids d'une accusation capitale. Aussi je n'aurais pas reproduit ici cette chanson, sans l'espèce de scandale que, lors de son apparition, elle causa jusque dans les deux Chambres. Mais je ne puis m'empêcher d'avouer que, si j'avais pu la condamner à l'oubli, qu'elle mérite sans doute, j'en aurais toujours regretté le dernier couplet. (NOTE de 1821 *.)

(*) A l'époque où cette Note fut publiée, M. Bellart était encore procureur général.

« L'Esprit-Saint soutient ma voix,
« Et les accusés vont rire ;
« Moi, l'interprète des lois,
« J'en viens faire la satire.
« Nous les tenons d'un impudent
« Qui, pour s'amuser, me fit président.
« J'ai longtemps vanté son empire,
« Mais j'étais alors payé pour cela. »
Et patati, et patata.
Pouvait-on s'attendre à ce discours-là ?

« Le drame et Galimafré
« Corrompent nos cuisinières.
« En frac on voit un curé,
« Et nos enfants ont trois pères.
« Le mariage est un loyer :
« On entre en octobre, on sort en janvier.
« Les cachemires adultères
« Nous donnent la peste, et ma femme en a. »
Et patati, et patata.
Il a mis de tout dans ce discours-là.

« Pour débaucher un mari,
« Que les filles ont d'adresse !
« Sous madame Dubarri
« Elles allaient à confesse.
« Ah ! qu'enfin (et le terme est clair)
« L'épouse et l'époux ne soient qu'une chair ;
« Et vous, qui nous tentez sans cesse,
« Filles, respectez l'habit que voilà. »
Et patati, et patata.
Rien n'est plus moral que ce discours-là.

« Mais, triste effet du typhus,
« Au lieu d'église on élève
« Le temple du Dieu Plutus,
« Qui sera beau s'il s'achève.
« Partout règnent les intrigants ;
« On n'interdit plus les extravagants :
« Ce dernier point n'est pas un rêve,
« Puisqu'en robe ici je dis tout cela. »
Et patati, et patata.
On trouve du bon dans ce discours-là.

Il poursuivait sur ce ton,
Quand deux bisets, sous les armes,
Remènent à Charenton
Cet orateur plein de charmes.
Néanmoins l'avocat Bêlant
S'écrie : Ah ! les fous ont bien du talent !
J'ai fait rire et verser des larmes ;
Mais je n'ai rien dit qui valût cela.
Et patati, et patata.
C'est moi qu'on sifflait sans ce discours-là.

LES CHAMPS.

Air : Mon amour était pour Marie.

Rose, partons ; voici l'aurore :
Quitte ces oreillers si doux.
Entends-tu la cloche sonore
Marquer l'heure du rendez-vous ?
Cherchons, loin du bruit de la ville,

Pour le bonheur un sûr asile.
Viens aux champs couler d'heureux jours:
Les champs ont aussi leurs amours.

Viens aux champs fouler la verdure,
Donne le bras à ton amant ;
Rapprochons-nous de la nature
Pour nous aimer plus tendrement.
Des oiseaux la troupe éveillée
Nous appelle sous la feuillée.
Viens aux champs couler d'heureux jours ;
Les champs ont aussi leurs amours.

Nous prendrons les goûts du village :
Le jour naissant t'éveillera ;
Le jour mourant sous le feuillage
A notre couche nous rendra.
Puisses-tu, maîtresse adorée,
Te plaindre encor de sa durée !
Viens aux champs couler d'heureux jours ;
Les champs ont aussi leurs amours.

Quand l'été vers un sol fertile
Conduit des moissonneurs nombreux ;
Quand, près d'eux, la glaneuse agile
Cherche l'épi du malheureux ;
Combien, sur les gerbes nouvelles,
De baisers pris aux pastourelles !
Viens aux champs couler d'heureux jours ;
Les champs ont aussi leurs amours.

Quand des corbeilles de l'automne

S'épanche à flots un doux nectar,
Près de la cuve qui bouillonne
On voit s'égayer le vieillard;
Et cet oracle du village
Chante les amours d'un autre âge.
Viens aux champs couler d'heureux jours;
Les champs ont aussi leurs amours.

Allons visiter des rivages
Que tu croiras des bords lointains.
Je verrai, sous d'épais ombrages,
Tes pas devenir incertains.
Le désir cherche un lit de mousse;
Le monde est loin, l'herbe est si douce!
Viens aux champs couler d'heureux jours;
Les champs ont aussi leurs amours.

C'en est fait; adieu, vains spectacles!
Adieu, Paris, où je me plus;
Où les beaux-arts font des miracles,
Où la tendresse n'en fait plus;
Rose, dérobons à l'envie
Le doux secret de notre vie.
Viens aux champs couler d'heureux jours,
Les champs ont aussi leurs amours.

LA COCARDE BLANCHE.

COUPLETS

CENSÉS FAITS POUR UN DÎNER OÙ DES ROYALISTES CÉLÉBRAIENT
L'ANNIVERSAIRE DE LA PREMIÈRE ENTRÉE
DES RUSSES, DES AUTRICHIENS ET DES PRUSSIENS A PARIS.

30 MARS 1816.

Air des Trois Cousins.

CHOEUR.

Jour de paix, jour de délivrance,
Qui des vaincus fit le bonheur;
Beau jour, qui vint rendre à la France
La cocarde blanche et l'honneur!

Chantons ce jour cher à nos belles,
Où tant de rois, par leurs succès,
Ont puni les Français rebelles
Et sauvé tous les bons Français.

Jour de paix, jour de délivrance,
Qui des vaincus fit le bonheur;
Beau jour, qui vint rendre à la France
La cocarde blanche et l'honneur!

Les étrangers et leurs cohortes
Par nos vœux étaient appelés.
Qu'aisément ils ouvraient les portes
Dont nous avions livré les clés!

Jour de paix, jour de délivrance,
Qui des vaincus fit le bonheur;
Beau jour, qui vint rendre à la France
La cocarde blanche et l'honneur!

Sans ce jour, qui pouvait répondre
Que le ciel, comblant nos malheurs,
N'eût point vu sur la Tour de Londre
Flotter enfin les trois couleurs?

Jour de paix, jour de délivrance,
Qui des vaincus fit le bonheur;
Beau jour, qui vint rendre à la France
La cocarde blanche et l'honneur!

On répétera dans l'histoire
Qu'aux pieds des Cosaques du Don,
Pour nos soldats et pour leur gloire,
Nous avons demandé pardon.

Jour de paix, jour de délivrance,
Qui des vaincus fit le bonheur;
Beau jour, qui vint rendre à la France
La cocarde blanche et l'honneur!

Appuis de la noblesse antique,
Buvons, après tant de dangers,
Dans ce repas patriotique,
Au triomphe des étrangers.

Jour de paix, jour de délivrance,
Qui des vaincus fit le bonheur;

Beau jour, qui vint rendre à la France
La cocarde blanche et l'honneur !

Enfin, pour sa clémence extrême,
Buvons au plus grand des Henris,
A ce roi qui sut par lui-même
Conquérir son trône et Paris.

Jour de paix, jour de délivrance,
Qui des vaincus fit le bonheur ;
Beau jour, qui vint rendre à la France
La cocarde blanche et l'honneur !

MON HABIT.

Air : Vaudeville de décence.

Sois-moi fidèle, ô pauvre habit que j'aime !
　Ensemble nous devenons vieux.
Depuis dix ans je te brosse moi-même,
　Et Socrate n'eût pas fait mieux.
　Quand le sort à ta mince étoffe
　Livrerait de nouveaux combats,
Imite-moi, résiste en philosophe :
Mon vieil ami, ne nous séparons pas.

Je me souviens, car j'ai bonne mémoire,
　Du premier jour où je te mis.
C'était ma fête, et, pour comble de gloire,
　Tu fus chanté par mes amis.

Ton indigence, qui m'honore,
Ne m'a point banni de leurs bras.
Tous ils sont prêts à nous fêter encore :
Mon vieil ami, ne nous séparons pas.

A ton revers j'admire une reprise :
C'est encore un doux souvenir.
Feignant un soir de fuir la tendre Lise,
Je sens sa main me retenir.
On te déchire, et cet outrage
Auprès d'elle enchaîne mes pas.
Lisette a mis deux jours à tant d'ouvrage :
Mon vieil ami, ne nous séparons pas.

T'ai-je imprégné des flots de musc et d'ambre
Qu'un fat exhale en se mirant?
M'a-t-on jamais vu dans une antichambre
T'exposer au mépris d'un grand?
Pour des rubans la France entière
Fut en proie à de longs débats;
La fleur des champs brille à ta boutonnière :
Mon vieil ami, ne nous séparons pas.

Ne crains plus tant ces jours de courses vaines
Où notre destin fut pareil ;
Ces jours mêlés de plaisirs et de peines,
Mêlés de pluie et de soleil.
Je dois bientôt, il me le semble,
Mettre pour jamais habit bas.
Attends un peu; nous finirons ensemble :
Mon vieil ami, ne nous séparons pas.

LE VIN ET LA COQUETTE.

Air : Je vais bientôt quitter l'empire.

Amis, il est une coquette
Dont je redoute ici les yeux.
Que sa vanité, qui me guette,
Me trouve toujours plus joyeux.
C'est au vin de rendre impossible
Le triomphe qu'elle espérait.
Ah ! cachons bien que mon cœur est sensible :
La coquette en abuserait.

Faut-il qu'elle soit si charmante !
Ah ! de mon cœur prenez pitié !
Chantez la liqueur écumante
Que verse en riant l'Amitié.
Enlacez le lierre paisible
Sur mon front, qui me trahirait.
Ah ! cachons bien que mon cœur est sensible :
La coquette en abuserait.

Poursuivons de nos épigrammes
Ce sexe que j'ai trop aimé.
Achevons d'éteindre les flammes
Du flambeau qui m'a consumé.
Que Bacchus, toujours invincible,
Ote à l'Amour son dernier trait.
Ah ! cachons bien que mon cœur est sensible :
La coquette en abuserait.

Mais l'Amour pressa-t-il la grappe
D'où nous vient ce jus enivrant?
J'aime encor; mon verre m'échappe,
Je ne ris plus qu'en soupirant.
Pour fuir ce charme irrésistible,
Trop d'ivresse enchaîne mes pas.
Ah! vous voyez que mon cœur est sensible :
Coquette, n'en abusez pas.

LA SAINTE-ALLIANCE BARBARESQUE.

1816.

Air de Calpigi.

Proclamons la Sainte-Alliance
Faite au nom de la Providence,
Et que signe un congrès *ad hoc*,
Entre Alger, Tunis et Maroc. (*Bis.*)
Leurs souverains, nobles corsaires,
N'en feront que mieux leurs affaires.
Vivent des rois qui sont unis!
Vive Alger, Maroc et Tunis! (*Bis.*)

Ces rois, dans leur Sainte-Alliance,
Trouvant tout bon pour leur puissance,
Jurent de se mettre en commun
Bravement toujours vingt contre un.
On dit qu'ils s'adjoindront Christophe,
Malgré la couleur de l'étoffe.
Vivent des rois qui sont unis!
Vive Alger, Maroc et Tunis!

Ces rois, par leur Sainte-Alliance,
Nous forçant à l'obéissance,
Veulent qu'on lise l'Alcoran,
Et le Bonald et le Ferrand.
Mais Voltaire et sa coterie
Sont à *l'index* en Barbarie.
Vivent des rois qui sont unis!
Vive Alger, Maroc et Tunis!

Français, à leur Sainte-Alliance,
Envoyons, pour droit d'assurance,
Nos censeurs anciens et nouveaux,
Et nos juges et nos prévôts.
Avec eux ces rois, sans entraves,
Feront le commerce d'esclaves.
Vivent des rois qui sont unis!
Vive Alger, Maroc et Tunis!

Malgré cette Sainte-Alliance,
Si du trône, par occurrence,
Un roi tombait, que subito
On le ramène à son château.
Mais il soldera les mémoires
Du pain, du foin et des victoires,
Vivent des rois qui sont unis!
Vive Alger, Maroc et Tunis!

Enfin, pour la Sainte-Alliance,
C'est peu qu'on paye à l'échéance;
Il faut des rameurs sur les bancs,
Et des muets aux rois forbans; (*Bis.*)
Même à ces majestés caduques

Il faudrait des peuples d'eunuques.
Vivent des rois qui sont unis !
Vive Alger, Maroc et Tunis ! (*Bis.*)

L'ERMITE ET SES SAINTS.

COUPLETS

ADRESSÉS A M. DE JOUY, LE JOUR DE SA FÊTE.

AIR : Rassurez-vous, ma mie.

On va rouvrir la Sorbonne ;
L'Église attend ses décrets :
On ne brûle encor personne,
Mais les fagots sont tout prêts.
Par bonheur, chez nous habite
Un saint d'un esprit plus doux.
  Ermite, bon ermite,
    Priez, priez pour nous !

Des prêtres, grands catholiques,
L'ont instruit à servir Dieu.
Il tient aux mêmes reliques
Qu'aimait l'abbé de Chaulieu.
A l'amour sa muse invite :
Par lui nous serons absous.
  Ermite, bon ermite,
    Priez, priez pour nous !

Rabelais, ce fou si sage,
Lui légua, par parenté,

Un capuchon dont l'usage
En fait un sage en gaieté.
Contre la gent hypocrite
Voyez son malin courroux.
 Ermite, bon ermite,
 Priez, priez pour nous!

Ce n'est tout son patrimoine;
Car, pour être chansonnier,
De Lattaignant, gai chanoine,
Il choisit le bénitier.
Mais de ces refrains qu'on cite
Lattaignant serait jaloux.
 Ermite, bon ermite,
 Priez, priez pour nous!

Il lui manquait un bréviaire;
Le bon ermite, à dessein,
Prit les œuvres de Voltaire,
Qui se disait capucin.
Grâce à l'auteur qu'il médite,
Il sait charmer tous les goûts.
 Ermite, bon ermite,
 Priez, priez pour nous!

De tels saints suivant les traces
Sur son gai califourchon,
Il laisse fourrer aux Grâces
Des fleurs sous son capuchon.
A l'aimer tout nous invite;
Avec lui sauvons-nous tous.
 Ermite, bon ermite,
 Priez, priez pour nous!

MON PETIT COIN.

1819.

Air du vaudeville de la Petite Gouvernante.

Non, le monde ne peut me plaire;
Dans mon coin retournons rêver.
Mes amis, de votre galère
Un forçat vient de se sauver.
Dans le désert que je me trace,
Je fuis, libre comme un Bédouin.
Mes amis, laissez-moi, de grâce,
Laissez-moi dans mon petit coin.

Là, du pouvoir bravant les armes,
Je pèse et nos fers et nos droits;
Sur les peuples versant des larmes,
Je juge et condamne les rois.
Je prophétise avec audace;
L'avenir me sourit de loin.
Mes amis, laissez-moi, de grâce,
Laissez-moi dans mon petit coin.

Là, j'ai la baguette des fées;
A faire le bien je me plais;
J'élève de nobles trophées;
Je transporte au loin des palais.
Sur le trône ceux que je place
D'être aimés sentent le besoin.

Mes amis, laissez-moi, de grâce,
Laissez-moi dans mon petit coin.

C'est là que mon âme a des ailes :
Je vole, et, joyeux séraphin,
Je vois aux flammes éternelles
Nos rois précipités sans fin.
Un seul échappe de leur race;
De sa gloire je suis témoin.
Mes amis, laissez-moi, de grâce,
Laissez-moi dans mon petit coin.

Je forme ainsi pour ma patrie
Des vœux que le ciel entend bien.
Respectez donc ma rêverie :
Votre monde ne me vaut rien.
De mes jours filés au Parnasse
Daignent les Muses prendre soin!
Mes amis, laissez-moi, de grâce,
Laissez-moi dans mon petit coin.

LE SOIR DES NOCES.

Air : Zon! ma Lisette, zon! ma Lison.

L'hymen prend cette nuit
Deux amants dans sa nasse.
Qu'au seuil de leur réduit
Un doux concert se place.
  Zon! flûte et basse!
  Zon! violon!

Zon! flûte et basse!
Et violon, zon, zon!

Par ce trou fait exprès,
Voyons ce qui se passe.
L'épouse a mille attraits,
L'époux est plein d'audace.
   Zon! flûte et basse!
   Zon! violon!
   Zon! flûte et basse!
Et violon, zon, zon!

L'épouse veut encor
Fuir l'époux qui l'embrasse!
Mais sur plus d'un trésor
Le fripon fait main basse.
   Zon! flûte et basse!
   Zon! violon!
   Zon! flûte et basse!
Et violon, zon, zon!

Elle tremble et pâlit,
Tandis qu'il la délace.
Il va briser le lit;
Il va rompre la glace.
   Zon! flûte et basse!
   Zon! violon!
   Zon! flûte et basse!
Et violon, zon, zon!

Mais, pris au trébuchet,
L'époux, quelle disgrâce!
De l'oiseau qu'il cherchait

N'a trouvé que la place.
   Zon! flûte et basse!
   Zon! violon!
   Zon! flûte et basse!
Et violon, zon, zon!

La belle en sanglotant
Se confesse à voix basse.
D'un divorce éclatant
Tout haut il la menace.
   Zon! flûte et basse!
   Zon! violon!
   Zon! flûte et basse!
Et violon, zon, zon!

Monsieur jure après nous;
Mais qu'à tout il se fasse :
Du livre des époux
Il n'est qu'à la préface.
   Zon! flûte et basse!
   Zon! violon!
   Zon! flûte et basse!
Et violon, zon, zon!

L'INDÉPENDANT.

Air : Je vais bientôt quitter l'empire.

Respectez mon indépendance,
Esclaves de la vanité :
C'est à l'ombre de l'indigence

Que j'ai trouvé la liberté. (*Bis.*)
Jugez aux chants qu'elle m'inspire
Quel est sur moi son ascendant! (*Bis.*)
Lisette seule a le droit de sourire
Quand je lui dis : Je suis indépendant,
　Je suis, je suis indépendant.

Oui, je suis un pauvre sauvage
Errant dans la société;
Et pour repousser l'esclavage
Je n'ai qu'un arc et ma gaieté.
Mes traits sont ceux de la satire :
Je les lance en me défendant.
Lisette seule a le droit de sourire
Quand je lui dis : Je suis indépendant,
　Je suis, je suis indépendant.

Chacun rit des flatteurs du Louvre,
Valets en tout temps prosternés,
Dans cette auberge qui ne s'ouvre
Que pour des passants couronnés.
On rit du fou qui sur sa lyre
Chante à la porte en demandant.
Lisette seule a le droit de sourire
Quand je lui dis : Je suis indépendant,
　Je suis, je suis indépendant.

Toute puissance est une gêne :
Oh! d'un roi que je plains l'ennui!
C'est le conducteur de la chaîne ;
Ses captifs sont plus gais que lui.
Dominer ne peut me séduire;

J'offre l'amour pour répondant.
Lisette seule a le droit de sourire
Quand je lui dis : Je suis indépendant,
 Je suis, je suis indépendant.

 En paix avec ma destinée,
 Gaiement je poursuis mon chemin,
 Riche du pain de la journée,
 Et de l'espoir du lendemain.
 Chaque soir, au lit qui m'attire
 Dieu me conduit sans accident.
Lisette seule a le droit de sourire
Quand je lui dis : Je suis indépendant,
 Je suis, je suis indépendant.

 Mais quoi ! je vois Lisette ornée
 De ses attraits les plus puissants,
 Qui des chaînes de l'hyménée
 Veut charger mes bras caressants.
 Voilà comme on perd un empire !
 Non, non, point d'hymen imprudent.
Que toujours Lise ait le droit de sourire
Quand je lui dis : Je suis indépendant,
 Je suis, je suis indépendant.

LES CAPUCINS [1].

1819.

Air : Faut d'la vertu, pas trop n'en faut.

Bénis soient la Vierge et les saints : }
On rétablit les capucins ! } *Bis.*

Moi, qui fus capucin indigne,
Je vais, ma petite Fanchon,
Du Seigneur vendanger la vigne,
En reprenant le capuchon.

Bénis soient la Vierge et les saints :
On rétablit les capucins !

Fanchon, pour vaincre par surprise
Les philosophes trop nombreux,
Qu'en vrais Cosaques de l'Église,
Les capucins marchent contre eux.

Bénis soient la Vierge et les saints :
On rétablit les capucins !

La faim désole nos provinces;
Mais la piété l'en bannit.

---

[1] A cette époque, on avait vu dans beaucoup de villes, et particulièrement dans le Midi, circuler des individus revêtus de l'habit des anciens ordres mendiants.

Chaque fête, grâce à nos princes,
On peut vivre de pain bénit.

Bénis soient la Vierge et les saints :
On rétablit les capucins !

L'Église est l'asile des cuistres ;
Mais les rois en sont les piliers ;
Et bientôt le banc des ministres
Sera le banc des marguilliers.

Bénis soient la Vierge et les saints :
On rétablit les capucins !

Pour tâter de l'agneau sans taches,
Nos soldats courent s'attabler ;
Et devant certaines moustaches
On dit qu'on a vu Dieu trembler.

Bénis soient la Vierge et les saints :
On rétablit les capucins !

Nos missionnaires font rendre
Aux bonnes gens les biens de Dieu ;
Ils marchent tout couverts de cendre :
C'est ainsi qu'on couvre le feu.

Bénis soient la Vierge et les saints :
On rétablit les capucins !

Fais-toi dévote aussi, Fanchette :
Vas, il n'est pas de sot métier.

Mais qu'avec nous deux, en cachette,
Le diable crache au bénitier.

Bénis soient la Vierge et les saints : } *Bis.*
On rétablit les capucins!

LA BONNE VIEILLE.

Air de WILHEM, *ou* Muse des bois et des accords champêtres.

Vous vieillirez, ô ma belle maîtresse!
Vous vieillirez, et je ne serai plus.
Pour moi le temps semble, dans sa vitesse,
Compter deux fois les jours que j'ai perdus.
Survivez-moi; mais que l'âge pénible
Vous trouve encor fidèle à mes leçons;
Et, bonne vieille, au coin d'un feu paisible,
De votre ami répétez les chansons.

Lorsque les yeux chercheront sous vos rides
Les traits charmants qui m'auront inspiré,
Des doux récits les jeunes gens avides
Diront : Quel fut cet ami tant pleuré?
De mon amour peignez, s'il est possible,
L'ardeur, l'ivresse, et même les soupçons;
Et, bonne vieille, au coin d'un feu paisible,
De votre ami répétez les chansons.

On vous dira : Savait-il être aimable?
Et sans rougir vous direz : Je l'aimais.

D'un trait méchant se montra-t-il capable?
Avec orgueil vous répondrez : Jamais.
Ah! dites bien qu'amoureux et sensible,
D'un luth joyeux il attendrit les sons;
Et, bonne vieille, au coin d'un feu paisible,
De votre ami répétez les chansons.

Vous que j'appris à pleurer sur la France,
Dites surtout aux fils des nouveaux preux
Que j'ai chanté la gloire et l'espérance
Pour consoler mon pays malheureux.
Rappelez-leur que l'aquilon terrible
De nos lauriers a détruit vingt moissons;
Et, bonne vieille, au coin d'un feu paisible,
De votre ami répétez les chansons.

Objet chéri, quand mon renom futile
De vos vieux ans charmera les douleurs;
A mon portrait quand votre main débile,
Chaque printemps, suspendra quelques fleurs,
Levez les yeux vers ce monde invisible
Où pour toujours nous nous réunissons;
Et, bonne vieille, au coin d'un feu paisible,
De votre ami répétez les chansons.

LA VIVANDIÈRE.

1817.

Air de Wilhem, *ou* Demain matin, au point du jour, on bat la générale.

Vivandière du régiment,
   C'est Catin qu'on me nomme.
Je vends, je donne et bois gaiement
   Mon vin et mon rogomme.
J'ai le pied leste et l'œil mutin,
Tintin, tintin, tintin, r'lin tintin ;
J'ai le pied leste et l'œil mutin :
   Soldats, voilà Catin !

Je fus chère à tous nos héros ;
   Hélas ! combien j'en pleure !
Aussi soldats et généraux
   Me comblaient, à toute heure,
D'amour, de gloire et de butin,
Tintin, tintin, tintin, r'lin tintin ;
D'amour, de gloire et de butin :
   Soldats, voilà Catin !

J'ai pris part à tous vos exploits
   En vous versant à boire.
Songez combien j'ai fait de fois
   Rafraîchir la Victoire.
Ça grossissait son bulletin,
Tintin, tintin, tintin, r'lin tintin ;

Ça grossissait son bulletin :
 Soldats, voilà Catin !

Depuis les Alpes je vous sers;
 Je me mis jeune en route.
A quatorze ans, dans les déserts,
 Je vous portais la goutte;
Puis j'entrai dans Vienne un matin,
Tintin, tintin, tintin, r'lin tintin;
Puis j'entrai dans Vienne un matin :
 Soldats, voilà Catin !

De mon commerce et des amours
 C'était le temps prospère.
A Rome je passai huit jours,
 Et de notre Saint-Père
Je débauchai le sacristin,
Tintin, tintin, tintin, r'lin tintin;
Je débauchai le sacristain :
 Soldats, voilà Catin !

J'ai fait plus que maint duc et pair
 Pour mon pays que j'aime.
A Madrid si j'ai vendu cher,
 Et cher à Moscou même,
J'ai donné gratis à Pantin,
Tintin, tintin, tintin, r'lin tintin;
J'ai donné gratis à Pantin :
 Soldats, voilà Catin !

Quand au nombre il fallut céder
 La victoire infidèle,
Que n'avais-je pour vous guider

Ce qu'avait la Pucelle !
L'Anglais aurait fui sans butin,
Tintin, tintin, tintin, r'lin tintin ;
L'Anglais aurait fui sans butin :
Soldats, voilà Catin !

Si je vois de nos vieux guerriers
Pâlis par la souffrance,
Qui n'ont plus, malgré leurs lauriers,
De quoi boire à la France,
Je refleuris encor leur teint,
Tintin, tintin, tintin, r'lin tintin ;
Je refleuris encor leur teint :
Soldats, voilà Catin !

Mais nos ennemis, gorgés d'or,
Paieront encore à boire.
Oui, pour vous doit briller encor
Le jour de la victoire.
J'en serai le réveil-matin,
Tintin, tintin, tintin, r'lin tintin ;
J'en serai le réveil-matin :
Soldats, voilà Catin !

COUPLETS A MA FILLEULE,

AGÉE DE TROIS MOIS,

LE JOUR DE SON BAPTÊME.

Air : J'étais bon chasseur autrefois.

Ma filleule, où diable a-t-on pris
Le pauvre parrain qu'on vous donne ?

Ce choix seul excite vos cris;
De bon cœur je vous le pardonne.
Point de bonbons à ce repas :
A vos yeux cela doit me nuire;
Mais, mon enfant, ne pleurez pas,
Votre parrain vous fera rire.

L'amitié m'en a fait l'honneur,
Et c'est l'amitié qui vous nomme.
Or, pour n'être pas grand seigneur,
Je n'en suis pas moins honnête homme.
Des cadeaux si vous faites cas,
Vous y trouverez à redire;
Mais, mon enfant, ne pleurez pas,
Votre parrain vous fera rire.

Malgré le sort qui sous sa loi
Tient la vertu même asservie,
Puissions-nous, ma commère et moi,
Vous porter bonheur dans la vie!
Pendant leur voyage ici-bas,
Aux bons cœurs rien ne devrait nuire;
Mais, mon enfant, ne pleurez pas,
Votre parrain vous fera rire.

Qu'à vos noces je chanterai,
Si jusque-là mes chansons plaisent!
Mais peut-être alors je serai
Où Panard et Collé se taisent.
Quoi! manquer aux joyeux ébats
Qu'un pareil jour devra produire!
Non, mon enfant, ne pleurez pas,
Votre parrain vous fera rire.

L'EXILÉ.

JANVIER 1817.

Air : Ermite, bon Ermite.

A d'aimables compagnes
Une jeune beauté
Disait : Dans nos campagnes
Règne l'humanité.
Un étranger s'avance,
Qui, parmi nous errant,
Redemande la France,
Qu'il chante en soupirant.
D'une terre chérie
C'est un fils désolé.
Rendons une patrie,
  Une patrie
  Au pauvre exilé.

Près d'un ruisseau rapide
Vers la France entraîné,
Il s'assied, l'œil humide,
Et le front incliné.
Dans les champs qu'il regrette
Il sait qu'en peu de jours
Ces flots que rien n'arrête
Vont promener leur cours.
D'une terre chérie
C'est un fils désolé.

Rendons une patrie,
    Une patrie
Au pauvre exilé.

Quand sa mère, peut-être,
Implorant son retour,
Tombe aux genoux d'un maître
Que touche son amour;
Trahi par la victoire,
Ce proscrit, dans nos bois,
Inquiet de sa gloire,
Fuit la haine des rois.
D'une terre chérie
C'est un fils désolé.
Rendons une patrie,
    Une patrie
Au pauvre exilé.

De rivage en rivage
Que sert de le bannir?
Partout de son courage
Il trouve un souvenir.
Sur nos bords, par la guerre
Tant de fois envahis,
Son sang même a naguère
Coulé pour son pays.
D'une terre chérie
C'est un fils désolé.
Rendons une patrie,
    Une patrie
Au pauvre exilé.

Dans nos destins contraires,

On dit qu'en ses foyers
Il recueillit nos frères
Vaincus et prisonniers.
De ces temps de conquêtes
Rappelons-lui le cours;
Qu'il trouve ici des fêtes,
Et surtout des amours.
D'une terre chérie
C'est un fils désolé.
Rendons une patrie,
　Une patrie
　Au pauvre exilé.

Si notre accueil le touche,
Si, par nous abrité,
Il s'endort sur la couche
De l'hospitalité;
Que par nos voix légères
Ce Français réveillé,
Sous le toit de ses pères
Croie avoir sommeillé.
D'une terre chérie
C'est un fils désolé.
Rendons une patrie,
　Une patrie
　Au pauvre exilé.

LA BOUQUETIÈRE ET LE CROQUE-MORT.

Air : Le cœur à la danse, etc.

Je n' suis qu'un' bouqu'tière et j' n'ai rien;
    Mais d' vos soupirs j' me lasse,
Monsieur l' croqu'mort, car il faut bien
    Vous dir' vot' nom-z en face.
  Quoique j' sois-t un esprit fort,
  Non, je n' veux point d'un croqu'mort.
    Encor jeune et jolie,
Moi, j' vends rosiers, lis et jasmins,
    Et n' me sens point l'envie
    De passer par vos mains.

C't amour, qui fait plus d'un hasard,
    Vous tire par l'oreille
Depuis l' jour où vot' corbillard
    Renversa ma corbeille.
  Il m'en coûta plus d'un' fleur :
  Vot' métier leur port' malheur.
    Encor jeune et jolie,
Moi, j' vends rosiers, lis et jasmins,
    Et n' me sens point l'envie
    De passer par vos mains.

A d' bons vivants j'aime à parler;
    Et, monsieur, n' vous déplaise,
Avec vous m' faudrait-z étaler

Mes fleurs chez l' pèr' La Chaise;
Mon commerce est mieux fêté
A la porte d' la Gaieté.
Encor jeune et jolie,
Moi, j' vends rosiers, lis et jasmins,
Et n' me sens point l'envie
De passer par vos mains.

Parc' que vous r'tournez d' grands seigneurs,
Vous vous en fait's accroire;
Mais, si tant d' gens qu'ont des honneurs
Vous doiv' tous un pourboire,
Y en a plus d'un, sans m' vanter,
Qu' j'avons fait ressusciter.
Encor jeune et jolie,
Moi, j' vends rosiers, lis et jasmins,
Et n' me sens point l'envie
De passer par vos mains.

J' f'rai courte et bonne, et, j'y consens,
En passant venez m' prendre.
Mais qu' ce n' soit point-z avant dix ans.
Adieu, croqu'mort si tendre.
P't-êt' bien qu'en s'impatientant
Un' pratique vous attend.
Encor jeune et jolie,
Moi, j' vends rosiers, lis et jasmins,
Et n' me sens point l'envie
De passer par vos mains.

LA PETITE FÉE.

Air : C'est le meilleur homme du monde.

Enfants, il était une fois
Une fée appelée Urgande ;
Grande à peine de quatre doigts,
Mais de bonté vraiment bien grande.
De sa baguette un ou deux coups
Donnaient félicité parfaite.
Ah ! bonne fée, enseignez-nous
Où vous cachez votre baguette !

Dans une conque de saphir,
De huit papillons attelée,
Elle passait comme un zéphyr,
Et la terre était consolée.
Les raisins mûrissaient plus doux ;
Chaque moisson était complète.
Ah ! bonne fée, enseignez-nous
Où vous cachez votre baguette !

C'était la marraine d'un roi
Dont elle créait les ministres ;
Braves gens soumis à la loi,
Qui laissaient voir dans leurs registres.
Du bercail ils chassaient les loups
Sans abuser de la houlette.

Ah! bonne fée, enseignez-nous
Où vous cachez votre baguette!

Les juges, sous ce roi puissant,
Étaient l'organe de la fée;
Et par eux jamais l'innocent
Ne voyait sa plainte étouffée.
Jamais pour l'erreur à genoux
La clémence n'était muette.
Ah! bonne fée, enseignez-nous
Où vous cachez votre baguette!

Pour que son filleul fût béni,
Elle avait touché sa couronne;
Il voyait tout son peuple uni,
Prêt à mourir pour sa personne.
S'il venait des voisins jaloux,
On les forçait à la retraite.
Ah! bonne fée, enseignez-nous
Où vous cachez votre baguette!

Dans un beau palais de cristal,
Hélas! Urgande est retirée.
En Amérique tout va mal;
Au plus fort l'Asie est livrée.
Nous éprouvons un sort plus doux;
Mais pourtant, si bien qu'on nous traite,
Ah! bonne fée, enseignez-nous
Où vous cachez votre baguette!

MA NACELLE.

CHANSON
CHANTÉE A MES AMIS RÉUNIS POUR MA FÊTE.

Air : Eh! vogue la galère.

Sur une onde tranquille
Voguant soir et matin,
Ma nacelle est docile
Au souffle du destin.
La voile s'enfle-t-elle,
J'abandonne le bord.
Eh! vogue ma nacelle
(O doux zéphyr! sois-moi fidèle),
Eh! vogue ma nacelle,
Nous trouverons un port.

J'ai pris pour passagère
La muse des chansons,
Et ma course légère
S'égaye à ses doux sons.
La folâtre pucelle
Chante sur chaque bord.
Eh! vogue ma nacelle
(O doux zéphyr! sois-moi fidèle),
Eh! vogue ma nacelle,
Nous trouverons un port.

Lorsqu'au sein de l'orage
Cent foudres à la fois,

Ébranlant ce rivage,
Épouvantent les rois,
Le plaisir, qui m'appelle,
M'attend sur l'autre bord.
Eh! vogue ma nacelle
(O doux zéphyr! sois-moi fidèle),
Eh! vogue ma nacelle,
Nous trouverons un port.

Loin de là le ciel change :
Un soleil éclatant
Vient mûrir la vendange
Que le buveur attend.
D'une liqueur nouvelle
Lestons-nous sur ce bord.
Eh! vogue ma nacelle
(O doux zéphyr! sois-moi fidèle),
Eh! vogue ma nacelle,
Nous trouverons un port.

Des rives bien connues
M'appellent à leur tour,
Les Grâces demi-nues
Y célèbrent l'amour.
Dieux! j'entends la plus belle
Soupirer sur le bord.
Eh! vogue ma nacelle
(O doux zéphyr! sois-moi fidèle),
Eh! vogue ma nacelle,
Nous trouverons un port.

Mais, loin du roc perfide
Qui produit le laurier,

Quel astre heureux me guide
Vers un humble foyer?
L'amitié renouvelle
Ma fête sur ce bord.
Eh! vogue ma nacelle,
(O doux zéphyr! sois-moi fidèle),
Eh! vogue ma nacelle,
Nous entrons dans le port.

MONSIEUR JUDAS.

Air : J'ons un curé patriote.

Monsieur Judas est un drôle
Qui soutient avec chaleur
Qu'il n'a joué qu'un seul rôle
Et n'a pris qu'une couleur.
Nous qui détestons les gens
Tantôt rouges, tantôt blancs,
    Parlons bas,
    Parlons bas :
Ici près j'ai vu Judas,
J'ai vu Judas, j'ai vu Judas.

Curieux et nouvelliste,
Cet observateur moral
Parfois se dit journaliste,
Et tranche du libéral ;
Mais voulons-nous réclamer
Le droit de tout imprimer,

Parlons bas,
Parlons bas :
Ici près j'ai vu Judas,
J'ai vu Judas, j'ai vu Judas.

Sans respect du caractère,
Souvent ce lâche effronté
Porte l'habit militaire
Avec la croix au côté.
Nous qui faisons volontiers
L'éloge de nos guerriers,
Parlons bas,
Parlons bas :
Ici près j'ai vu Judas,
J'ai vu Judas, j'ai vu Judas·

Enfin sa bouche flétrie
Ose prendre un noble accent,
Et des maux de la patrie
Ne parle qu'en gémissant.
Nous qui faisons le procès
A tous les mauvais Français,
Parlons bas,
Parlons bas :
Ici près j'ai vu Judas,
J'ai vu Judas, j'ai vu Judas.

Monsieur Judas, sans malice,
Tout haut vous dit : « Mes amis,
« Les limiers de la police
« Sont à craindre en ce pays. »
Mais nous qui de maints brocards,

Poursuivons jusqu'aux mouchards,
Parlons bas,
Parlons bas ;
Ici près j'ai vu Judas,
J'ai vu Judas, j'ai vu Judas.

LE DIEU DES BONNES GENS.

Air : Vaudeville de la Partie carrée.

Il est un Dieu ; devant lui je m'incline,
Pauvre et content, sans lui demander rien.
De l'univers observant la machine,
J'y vois du mal, et n'aime que le bien.
Mais le plaisir à ma philosophie
Révèle assez des cieux intelligents.
Le verre en main, gaiement je me confie
Au Dieu des bonnes gens.

Dans ma retraite où l'on voit l'indigence,
Sans m'éveiller, assise à mon chevet,
Grâce aux amours, bercé par l'espérance,
D'un lit plus doux je rêve le duvet.
Aux dieux des cours qu'un autre sacrifie !
Moi, qui ne crois qu'à des dieux indulgents,
Le verre en main gaiement je me confie
Au Dieu des bonnes gens.

Un conquérant, dans sa fortune altière,
Se fit un jeu des sceptres et des lois,

Et de ses pieds on peut voir la poussière
Empreinte encor sur le bandeau des rois.
Vous rampiez tous, ô rois qu'on déifie!
Moi, pour braver des maîtres exigeants,
Le verre en main, gaiement je me confie
    Au Dieu des bonnes gens.

Dans nos palais, où, près de la Victoire,
Brillaient les arts, doux fruits des beaux climats,
J'ai vu du Nord les peuplades sans gloire
De leurs manteaux secouer les frimas.
Sur nos débris, Albion nous défie [1];
Mais les destins et les flots sont changeants :
Le verre en main, gaiement je me confie
    Au Dieu des bonnes gens.

Quelle menace un prêtre fait entendre!
Nous touchons tous à nos derniers instants :
L'éternité va se faire comprendre;
Tout va finir, l'univers et le temps.
O chérubins à la face bouffie,
Réveillez donc les morts peu diligents.

---

[1] Des critiques anglais, très-bienveillants d'ailleurs pour notre auteur, lui ont reproché les traits plaisants ou graves dirigés contre leur nation. Ils auraient dû se rappeler que ces attaques remontent au temps de l'occupation de la France par les armées étrangères qui avaient fait la Restauration; à ce temps où sir Walter Scott venait chez nous écrire les *Lettres de Paul :* lâche et cruel outrage à un peuple aussi malheureux qu'il avait été grand. L'idée d'entretenir la haine entre deux nations a toujours été loin du cœur de celui qui, à l'évacuation de notre territoire, fut le premier à appeler tous les peuples à une sainte-alliance.

Le verre en main, gaiement je me confie
    Au Dieu des bonnes gens.

Mais quelle erreur! non, Dieu n'est point colère;
S'il créa tout, à tout il sert d'appui :
Vins qu'il nous donne, amitié tutélaire,
Et vous, amours, qui créez après lui,
Prêtez un charme à ma philosophie
Pour dissiper des rêves affligeants.
Le verre en main, que chacun se confie
    Au Dieu des bonnes gens.

ADIEUX A DES AMIS.

Air : C'est un lanla, landerirette.

D'ici faut-il que je parte,
Mes amis, quand, loin de vous,
Je ne puis voir sur la carte
D'asile pour moi plus doux!
Même au sein de notre ivresse
Dieu! je crois être à demain :
Fouette, cocher! dit la Sagesse;
Et me voilà sur le chemin.

Malgré les sermons du sage,
On pourrait, grâce aux plaisirs,
Aux fatigues du voyage
Opposer d'heureux loisirs.
Mais une ardeur importune
En route met chaque humain :

Fouette, cocher! dit la Fortune;
Et nous voilà sur le chemin.

Ne va point voir ta maîtresse,
Ne va point au cabaret,
Me vient dire avec rudesse
Un médecin indiscret;
Mais Lisette est si jolie!
Mais si doux est le bon vin!
Fouette, cocher! dit la Folie;
Et me voilà sur le chemin.

Parmi vous bientôt peut-être
Je chanterai mon retour.
Déjà je crois voir renaître
L'aurore d'un si beau jour.
L'allégresse, que j'encense,
A mon paquet met la main :
Fouette, cocher! dit l'Espérance;
Et me voilà sur le chemin.

LA RÊVERIE.

Air : La Signora malade.

Loin d'une Iris volage
Qu'un seigneur m'enlevait,
Au printemps, sous l'ombrage,
Un jour mon cœur rêvait.
Privé d'une infidèle,
Il rêvait qu'une autre belle

Volait à mon secours.
Venez, venez, venez, mes amours! (*Bis.*)

Cette belle était tendre,
Tendre et fière à la fois;
Il me semblait l'entendre
Soupirer dans les bois.
C'était une princesse
Qui respirait la tendresse
Loin de l'éclat des cours.
Venez, venez, venez, mes amours!

Je l'entendais se plaindre
Du poids de la grandeur.
Cessant de me contraindre,
Je lui peins mon ardeur.
Mes yeux versent des larmes,
Ravis de voir tant de charmes
Sous de si beaux atours.
Venez, venez, venez, mes amours!

Telle était la merveille
Dont je flattais mes sens,
Quand soudain mon oreille
S'ouvre aux plus doux accents.
Si c'est vous, ma princesse,
Des roses de la tendresse
Venez semer mes jours.
Venez, venez, venez, mes amours!

Mais non, c'est la coquette
Du village voisin,

Qui m'offre une conquête
En corset de basin.
Grandeurs, je vous oublie !
Cette fille est si jolie !
Ses jupons sont si courts !
Venez, venez, venez, mes amours !

BRENNUS,

ou

LA VIGNE PLANTÉE DANS LES GAULES.

Air nouveau de WILHEM, ou de Pierre le Grand.

Brennus disait aux bons Gaulois :
Célébrez un triomphe insigne !
Les champs de Rome ont payé mes exploits,
Et j'en rapporte un cep de vigne.
Grâce à la vigne, unissons pour toujours
L'honneur, les arts, la gloire et les amours. } *Bis.*

Privé de son jus tout-puissant,
Nous avons vaincu pour en boire.
Sur nos coteaux que le pampre naissant
Serve à couronner la Victoire.
Grâce à la vigne, unissons pour toujours
L'honneur, les arts, la gloire et les amours.

Un jour, par ce raisin vermeil,
Des peuples vous serez l'envie.
Dans son nectar plein des feux du soleil

Tous les arts puiseront la vie.
Grâce à la vigne, unissons pour toujours
L'honneur, les arts, la gloire et les amours.

    Quittant nos bords favorisés,
      Mille vaisseaux iront sur l'onde,
Chargés de vins et de fleurs pavoisés,
      Porter la joie autour du monde.
Grâce à la vigne, unissons pour toujours
L'honneur, les arts, la gloire et les amours.

    Femmes, nos maîtres absolus,
      Vous qui préparez nos armures,
Que sa liqueur soit un baume de plus
      Versé par vous sur nos blessures.
Grâce à la vigne, unissons pour toujours
L'honneur, les arts, la gloire et les amours.

    Soyons unis, et nos voisins
      Apprendront qu'en des jours d'alarmes
Le faible appui que l'on donne aux raisins
      Peut vaincre à défaut d'autres armes.
Grâce à la vigne, unissons pour toujours
L'honneur, les arts, la gloire et les amours.

    Bacchus, d'embellir ses destins
      Un peuple hospitalier te prie.
Fais qu'un proscrit, assis à nos festins,
      Oublie un moment sa patrie.
Grâce à la vigne, unissons pour toujours
L'honneur, les arts, la gloire et les amours.

    Brennus alors bénit les cieux,

Creuse la terre avec sa lance,
Plante la vigne, et les Gaulois joyeux
Dans l'avenir ont vu la France.
Grâce à la vigne, unissons pour toujours
L'honneur, les arts, la gloire et les amours.

LES CLEFS DU PARADIS.

Air : A coups d' pied, à coups d' poing.

Saint Pierre perdit l'autre jour
Les clefs du céleste séjour.
(L'histoire est vraiment singulière!)
C'est Margot qui, passant par là,
Dans son gousset les lui vola.
  « Je vais, Margot,
  « Passer pour un nigaud;
« Rendez-moi mes clefs », disait saint Pierre.

Margoton, sans perdre de temps,
Ouvre le ciel à deux battants.
(L'histoire est vraiment singulière!)
Dévots fieffés, pécheurs maudits,
Entrent ensemble en paradis.
  « Je vais, Margot,
  « Passer pour un nigaud;
« Rendez-moi mes clefs », disait saint Pierre.

On voit arriver en chantant
Un turc, un juif, un protestant;
(L'histoire est vraiment singulière!)

Puis un pape, l'honneur du corps,
Qui, sans Margot, restait dehors.
    « Je vais, Margot,
    « Passer pour un nigaud ;
« Rendez-moi mes clefs », disait saint Pierre.

Des jésuites, que Margoton
Voit à regret dans ce canton,
(L'histoire est vraiment singulière !)
Sans bruit, à force d'avancer,
Près des anges vont se placer.
    « Je vais, Margot,
    « Passer pour un nigaud ;
« Rendez-moi mes clefs », disait saint Pierre.

En vain un fou crie, en entrant,
Que Dieu doit être intolérant ;
(L'histoire est vraiment singulière !)
Satan lui-même est bienvenu :
La belle en fait un saint cornu.
    « Je vais, Margot,
    « Passer pour un nigaud ;
« Rendez-moi mes clefs », disait saint Pierre.

Dieu, qui pardonne à Lucifer,
Par décret supprime l'enfer.
(L'histoire est vraiment singulière !)
La douceur va tout convertir :
On n'aura personne à rôtir.
    « Je vais, Margot,
    « Passer pour un nigaud ;
« Rendez-moi mes clefs », disait saint Pierre.

Le paradis devient gaillard,
Et Pierre en veut avoir sa part.
(L'histoire est vraiment singulière!)
Pour venger ceux qu'il a damnés,
On lui ferme la porte au nez.
 « Je vais, Margot,
   Passer pour un nigaud;
« Rendez-moi mes clefs », disait saint Pierre.

SI J'ÉTAIS PETIT OISEAU.

Air nouveau de WILHEM, *ou* Il faut que l'on file doux.

Moi qui, même auprès des belles,
Voudrais vivre en passager,
Que je porte envie aux ailes
De l'oiseau vif et léger!
Combien d'espace il visite!
A voltiger tout l'invite :
L'air est doux, le ciel est beau.
Je volerais vite, vite, vite,
 Si j'étais petit oiseau.

C'est alors que, Philomèle
M'enseignant ses plus doux sons,
J'irais de la pastourelle
Accompagner les chansons.
Puis j'irais charmer l'ermite
Qui, sans vendre l'eau bénite,
Donne aux pauvres son manteau.

Je volerais vite, vite, vite,
  Si j'étais petit oiseau.

Puis j'irai dans le bocage,
Où des buveurs en gaieté,
Attendris par mon ramage,
Ne boiraient qu'à la beauté.
Puis ma chanson favorite,
Aux guerriers qu'on déshérite
Ferait chérir le hameau.
Je volerais vite, vite, vite,
  Si j'étais petit oiseau.

Puis j'irais sur les tourelles
Où sont de pauvres captifs,
En leur cachant bien mes ailes,
Former des accords plaintifs.
L'un sourit à ma visite;
L'autre rêve, dans son gîte,
Aux champs où fut son berceau.
Je volerais vite, vite, vite,
  Si j'étais petit oiseau.

Puis, voulant rendre sensible
Un roi qui fuirait l'ennui,
Sur un olivier paisible
J'irais chanter près de lui.
Puis j'irais jusqu'où s'abrite
Quelque famille proscrite,
Porter de l'arbre un rameau.
Je volerais vite, vite, vite,
  Si j'étais petit oiseau.

Puis, jusques où naît l'aurore,
Vous, méchants, je vous fuirais,
A moins que l'Amour encore
Ne me surprit dans ses rets.
Que, sur un sein qu'il agite,
Ce chasseur que nul n'évite
Me dresse un piége nouveau,
J'y volerais vite, vite, vite,
Si j'étais petit oiseau.

LE BON VIEILLARD.

Air : Contentons-nous d'une simple bouteille.

Joyeux enfants, vous que Bacchus rassemble,
Par vos chansons vous m'attirez ici.
Je suis bien vieux, mais en vain ma voix tremble :
Accueillez-moi, j'aime à chanter aussi.
Du temps passé j'apporte des nouvelles;
J'ai bu jadis avec le bon Panard.
Amis du vin, de la gloire et des belles,
Daignez sourire aux chansons d'un vieillard.

De me fêter, hé quoi ! chacun s'empresse !
A ma santé coule un vin généreux.
Ce doux accueil enhardit ma vieillesse :
Je crains toujours d'attrister les heureux.
Que les plaisirs vous couvrent de leurs ailes :
Avec le temps vous compterez plus tard.
Amis du vin, de la gloire et des belles,
Daignez sourire aux chansons d'un vieillard.

Ainsi que vous j'ai vécu de caresses ;
Vos grand'mamans diraient si je leur plus.
J'eus des châteaux, des amis, des maîtresses ;
Amis, châteaux, maîtresses, ne sont plus.
Les souvenirs me sont restés fidèles :
Aussi parfois je soupire à l'écart.
Amis du vin, de la gloire et des belles,
Daignez sourire aux chansons d'un vieillard.

Dans nos discords j'ai fait plus d'un naufrage,
Sans fuir jamais la France et son doux ciel.
Au peu de vin que m'a laissé l'orage
L'orgueil blessé ne mêle point de fiel.
J'ai chanté même aux vendanges nouvelles,
Sur des coteaux dont j'eus longtemps ma part.
Amis du vin, de la gloire et des belles,
Daignez sourire aux chansons d'un vieillard.

Vieux compagnon des guerriers d'un autre âge,
Comme Nestor je ne vous parle pas.
De tous les jours où brilla mon courage
J'achèterais un jour de vos combats.
Je l'avouerai, vos palmes immortelles
M'ont rendu cher un nouvel étendard.
Amis du vin, de la gloire et des belles,
Daignez sourire aux chansons d'un vieillard.

Sur vos vertus quel avenir se fonde !
Enfants, buvons à mes derniers amours.
La liberté va rajeunir le monde ;
Sur mon tombeau brilleront d'heureux jours.
D'un beau printemps, aimables hirondelles,

J'ai pour vous voir différé mon départ.
Amis du vin, de la gloire et des belles,
Daignez sourire aux chansons d'un vieillard.

QU'ELLE EST JOLIE!

Air :

Grands dieux! combien elle est jolie,
Celle que j'aimerai toujours!
Dans leur douce mélancolie
Ses yeux font rêver aux amours.
Du plus beau souffle de la vie
A l'animer le ciel se plaît.
Grands dieux! combien elle est jolie!
Et moi, je suis, je suis si laid!

Grands dieux! combien elle est jolie!
Elle compte au plus vingt printemps.
Sa bouche est fraîche, épanouie;
Ses cheveux sont blonds et flottants.
Par mille talents embellie,
Seule elle ignore ce qu'elle est.
Grands dieux! combien elle est jolie!
Et moi, je suis, je suis si laid!

Grands dieux! combien elle est jolie!
Et cependant j'en suis aimé.
J'ai dû longtemps porter envie
Aux traits dont le sexe est charmé.
Avant qu'elle enchantât ma vie,

Devant moi l'Amour s'envolait.
Grands dieux! combien elle est jolie!
Et moi, je suis, je suis si laid!

Grands dieux! combien elle est jolie!
Et pour moi ses feux sont constants.
La guirlande qu'elle a cueillie
Ceint mon front chauve avant trente ans.
Voiles qui parez mon amie,
Tombez; mon triomphe est complet.
Grands dieux! combien elle est jolie!
Et moi, je suis, je suis si laid!

LES CHANTRES DE PAROISSE,

ou

LE CONCORDAT DE 1817.

CHANSON A BOIRE.

SEPTEMBRE 1817.

Air du Bastringue.

Gloria tibi, Domine!
  Que tout chantre
  Boive à plein ventre;
Gloria tibi, Domine!
Le Concordat nous est donné.

Buvons, nous, chantres de paroisse,
A qui nous tire enfin d'angoisse.
D'abord, pour ne rien oublier,

Remontons à François Premier [1].

Gloria tibi, Domine!
  Que tout chantre
  Boive à plein ventre;
Gloria tibi, Domine!
Le Concordat nous est donné.

A Gonsalvi buvons un verre;
Il a deux fois fait même affaire;
Mais cette fois, de droit divin,
L'Église y gagne un pot-de-vin [2].

Gloria tibi, Domine!
  Que tout chantre
  Boive à plein ventre;
Gloria tibi, Domine!
Le Concordat nous est donné.

Des deux clefs de notre bon pape,
L'une du ciel ouvre la trappe;
Et l'autre aux griffes du légat
Ouvre les coffres de l'État.

Gloria tibi, Domine!
  Que tout chantre
  Boive à plein ventre;
Gloria tibi, Domine!
Le Concordat nous est donné.

[1] Le premier article du Concordat de 1817 remet en vigueur celui de François Ier et de Léon X.

[2] Ce concordat et celui de 1801 sont l'ouvrage du cardinal Hercule Gonsalvi.

Si de nos coqs la voix altière [1]
Troubla l'héritier de saint Pierre,
Grâce aux annates [2], aujourd'hui
Nos poules vont pondre pour lui.

Gloria tibi, Domine!
  Que tout chantre
  Boive à plein ventre;
Gloria tibi, Domine!
Le Concordat nous est donné.

Rendons Avignon au Saint-Père [3] :
Il le veut; et c'est là, j'espère,
Prouver aux Français dépouillés
Qu'il est un de nos alliés.

Gloria tibi, Domine!
  Que tout chantre
  Boive à plein ventre;
Gloria tibi, Domine!
Le Concordat nous est donné.

Qu'importe qu'à Rome on détruise
Les libertés de notre Église [4]?

---

[1] Le coq des drapeaux de la République française.

[2] Les annates, redevances payées au Saint-Siége, par suite du Concordat de François Ier.

[3] Le pape réclame encore Avignon dans la bulle de circonscription des diocèses.

[4] Les libertés de l'Église gallicane, compromises par le Concordat de François Ier; ce qui l'empêcha d'être enregistré par plusieurs parlements.

Nous devons à nos députés
Déjà tant d'autres libertés!

Gloria tibi, Domine!
 Que tout chantre
 Boive à plein ventre;
Gloria tibi, Domine!
Le Concordat nous est donné.

Moines et prieurs vont revivre [1].
Il faut qu'avant peu le grand-livre,
Servant à nos pieux desseins,
Soit mis au rang des livres saints.

Gloria tibi, Domine!
 Que tout chantre
 Boive à plein ventre;
Gloria tibi, Domine!
Le Concordat nous est donné.

Dans chaque ville, un séminaire [2]
Désormais sera nécessaire;
C'est un hôpital érigé
Aux enfants trouvés du clergé.

Gloria tibi, Domine!
 Que tout chantre
 Boive à plein ventre;

---

[1] Une des bulles de Pie VII contient ces expressions : « Nous dotons en biens fonds et en rentes sur l'État les archevêques et évêques, » etc.

[2] Le pape recommande l'érection de nouveaux séminaires.

Gloria tibi, Domine!
Le Concordat nous est donné.

Pour les protestants, qu'on tolère [1],
Au ciel nous craignons de déplaire;
Mais qu'il nous passe encor longtemps
Nos Suisses, qui sont protestants.

Gloria tibi, Domine!
    Que tout chantre
     Boive à plein ventre;
Gloria tibi, Domine!
Le Concordat nous est donné.

Chantres, pour nous combien d'offices!
Nous n'irons plus dans les coulisses
Brailler en chœur à l'Opéra [2];
Et l'Église nous suffira.

Gloria tibi, Domine!
    Que tout chantre
     Boive à plein ventre;
Gloria tibi, Domine!
Le Concordat nous est donné.

Oui, chantres, c'est à nous de boire :
Ce concordat fait notre gloire,
Car le bon temps revient grand train
Où les rois chantaient au lutrin.

---

[1] Lisez la déclaration adressée au Saint-Siége par M. de Blacas, le 15 juillet 1817.

[2] On assure que plusieurs chantres de paroisse font partie des chœurs de nos théâtres.

Gloria tibi, Domine!
   Que tout chantre
   Boive à plein ventre ;
Gloria tibi, Domine!
Le Concordat nous est donné.

L'AVEUGLE DE BAGNOLET.

Air : Ronde de la Ferme et le Château.

A Bagnolet j'ai vu naguère
Certain vieillard toujours content.
Aveugle il revint de la guerre,
Et pauvre il mendie en chantant. (*Bis.*)
Sur sa vielle il redit sans cesse :
« Aux gens de plaisir je m'adresse.
« Ah ! donnez, donnez, s'il vous plaît. »
Et de lui donner l'on s'empresse.
  « Ah ! donnez, donnez, s'il vous plaît,
  « A l'aveugle de Bagnolet »

Il a pour guide une fillette ;
Et, près d'aimables étourdis,
A la contre-danse il répète :
« Comme vous j'ai dansé jadis.
« Vous qui pressez avec ivresse
« La main de plus d'une maîtresse.
« Ah ! donnez, donnez, s'il vous plaît :
« J'ai bien employé ma jeunesse.

« Ah! donnez, donnez, s'il vous plaît,
« A l'aveugle de Bagnolet. »

Il dit aux dames de la ville
Qu'il trouve à de gais rendez-vous :
« Avec Babet, dans cet asile,
« Combien j'ai ri de son époux !
« Belles, qu'une ombre épaisse attire,
« Là, contre l'hymen tout conspire.
« Ah! donnez, donnez, s'il vous plaît :
« Les maris me font toujours rire.
« Ah! donnez, donnez, s'il vous plaît,
« A l'aveugle de Bagnolet. »

S'il parle à de certaines filles
Dont il fit longtemps ses amours :
« Ah! leur dit-il, toujours gentilles,
« Aimez bien, et plaisez toujours.
« Pour toucher la prude inhumaine,
« Trop souvent ma prière est vaine.
« Ah! donnez, donnez, s'il vous plaît;
« Refuser vous fait tant de peine!
« Ah! donnez, donnez, s'il vous plaît,
« A l'aveugle de Bagnolet. »

Mais aux buveurs sous la tonnelle
Il dit : « Songez bien qu'ici-bas,
« Même quand la vendange est belle,
« Le pauvre ne vendange pas.
« Bons vivants, que met en goguette
« Le vin d'une vieille feuillette,
« Ah! donnez, donnez, s'il vous plaît;

« Je me régale de piquette.
« Ah! donnez, donnez, s'il vous plaît,
« A l'aveugle de Bagnolet. »

D'autres buveurs, francs militaires,
Chantent l'amour à pleine voix,
Ou gaiement rapprochent leurs verres
Au souvenir de leurs exploits.
Il leur dit, ému jusqu'aux larmes :
« De l'amitié goûtez les charmes.
« Ah! donnez, donnez, s'il vous plaît;
« Comme vous j'ai porté les armes!
« Ah! donnez, donnez, s'il vous plaît,
« A l'aveugle de Bagnolet. »

Faut-il enfin que je le dise ?
On le voit, pour son intérêt,
Moins à la porte de l'église
Qu'à la porte du cabaret. (*Bis*)
Pour ceux que le plaisir couronne,
J'entends sa vielle qui résonne :
« Ah! donnez, donnez, s'il vous plaît;
« Le plaisir rend l'âme si bonne !
« Ah! donnez, donnez, s'il vous plaît,
« A l'aveugle de Bagnolet. »

LE PRINCE DE NAVARRE,

ou

MATHURIN BRUNEAU [1].

Air du ballet des Pierrots.

Quoi ! tu veux régner sur la France !
Es-tu fou, pauvre Mathurin ?
N'échange point ton indigence
Contre tout l'or d'un souverain.
Sur un trône l'ennui se carre,
Fier d'être encensé par des sots.
Croyez-moi, prince de Navarre,
Prince, faites-nous des sabots.

Des leçons que le malheur donne
Tu n'as donc point tiré de fruit ?
Réclamerais-tu la couronne,
Si le malheur t'avait instruit ?
Cette ambition n'est point rare,
Même ailleurs que chez les héros.
Croyez-moi, prince de Navarre
Prince, faites-nous des sabots.

Dans le rang que toi-même espères,
Trompés par des flatteurs câlins,

---

[1] Tout le monde se rappelle que Mathurin Bruneau, reconnu pour être fils d'un sabotier, affectait de se donner le titre de *prince de Navarre*.

Que de rois se disent les pères
D'enfants qui se croient orphelins!
Régner, c'est n'être point avare
De lois, de rubans, de grands mots.
Croyez-moi, prince de Navarre,
Prince, faites-nous des sabots.

Quand tu combattras avec gloire,
Sache que plus d'un conquérant
Se voit arracher la victoire
Par un général ignorant.
Un Anglais, aidé d'un Tartare,
Foule aux pieds de nobles drapeaux.
Croyez-moi, prince de Navarre,
Prince, faites-nous des sabots.

Combien d'agents illégitimes
Servent la légitimité!
Trop tard sur les malheurs de Nîmes
On éclairerait ta bonté.
Le roi qu'au pont Neuf on répare [1]
Parle en vain pour les huguenots.
Croyez-moi, prince de Navarre,
Prince, faites-nous des sabots.

De tes maux quel serait le terme,
Si quelques alliés sans foi
Prétendaient que tu tiens à ferme
Le trône que tu dis à toi?
De jour en jour leur ligue avare

---

[1] On s'occupait alors de relever la statue de Henri IV.

Augmenterait le prix des baux.
Croyez-moi, prince de Navarre,
Prince, faites-nous des sabots.

Enfin pourrais-tu sans scrupule,
Graissant la patte au Saint-Esprit,
Faire un concordat ridicule
Avec ton père en Jésus-Christ?
Pour lui redorer sa tiare
Tu nous surchargerais d'impôts.
Croyez-moi, prince de Navarre,
Prince, faites-nous des sabots.

D'ailleurs, ton métier nous arrange :
Nos amis nous ont fait capot.
C'est pour que l'étranger la mange
Que nous mettons la poule au pot.
De nos souliers même on s'empare
Après avoir pris nos manteaux.
Croyez-moi, prince de Navarre,
Prince, faites-nous des sabots.

LA MORT SUBITE.

COUPLETS POUR UN DÎNER.

Air du ballet des Pierrots.

Mes amis, j'accours au plus vite,
Car vous ne pardonneriez pas,
A moins, dit-on, de mort subite,
De manquer à ce gai repas.

En vain l'amour, qui me lutine,
Pour m'arrêter tente un effort;
Avec vous il faut que je dîne :
Mes amis, je ne suis pas mort.

Mais bien souvent, quoique heureux d'être,
On meurt sans s'en apercevoir.
Ah! mon Dieu! je suis mort peut-être;
C'est ce qu'il est urgent de voir.
Je me tâte comme Sosie;
Je ris, je mange, et je bois fort.
Ah! je me connais à la vie :
Mes amis, je ne suis pas mort.

Si j'allais, couronné de lierre,
Ici fermer les yeux soudain,
En chantant remplissez mon verre,
Et de vos mains pressez ma main.
Si Bacchus, dont je suis l'apôtre,
Ne m'inspire un joyeux transport;
Si ma main ne serre la vôtre,
Adieu, mes amis, je suis mort!

LES CINQUANTE ÉCUS.

Air : Martin est un fort bon garçon.

Grâce à Dieu, je suis héritier!
    Le métier
    De rentier
Me sied et m'enchante.

Travailler serait un abus ;
    J'ai cinquante écus,
    J'ai cinquante écus,
J'ai cinquante écus de rente.

Mes amis, la terre est à moi.
    J'ai de quoi
    Vivre en roi
  Si l'éclat me tente.
Les honneurs me sont dévolus ;
    J'ai cinquante écus,
    J'ai cinquante écus,
J'ai cinquante écus de rente.

Pour user des droits d'un richard,
    Sans retard,
    Sur un char
  De forme élégante,
Fuyons mes créanciers confus :
    J'ai cinquante écus,
    J'ai cinquante écus,
J'ai cinquante écus de rente

Adieu Surêne et ses coteaux !
    Le bordeaux,
    Le mursaulx,
  L'aï que l'on chante,
Vont donc enfin m'être connus :
    J'ai cinquante écus,
    J'ai cinquante écus,
J'ai cinquante écus de rente.

Parez-vous, Lise, mes amours,
Des atours
Que toujours
La richesse invente.
Le clinquant ne vous convient plus :
J'ai cinquante écus,
J'ai cinquante écus,
J'ai cinquante écus de rente.

Pour mes hôtes vous que je prends,
Amis francs,
Vieux parents,
Sœur jeune et fringante,
Soyez logés, nourris, vêtus :
J'ai cinquante écus,
J'ai cinquante écus,
J'ai cinquante écus de rente.

Amis, bons vins, loisirs, amours,
Pour huit jours
Des plus courts
Comblez mon attente ;
Le fonds suivra les revenus.
J'ai cinquante écus,
J'ai cinquante écus,
J'ai cinquante écus de rente.

LE CARNAVAL DE 1818.

Air : A ma Margot, du bas en haut.

On crie à la ville, à la cour :
Ah! qu'il est court! ah! qu'il est court! (*Bis.*)

Des veuves, des filles, des femmes,
Tu dois craindre les épigrammes;
Carnaval dont chacun pâtit,
Dis-nous qui t'a fait si petit.
Carnaval (*bis*), ah! comment nos belles
   T'accueilleront-elles?

On crie à la ville, à la cour :
Ah! qu'il est court! ah! qu'il est court!

Chez nous quand si peu tu demeures,
Des prières de quarante heures [1]
Les heures qu'on retranchera
Sont tout ce qu'on y gagnera.
Carnaval (*bis*), ah! comment nos belles
   T'accueilleront-elles?.

On crie à la ville, à la cour :
Ah! qu'il est court! ah! qu'il est court!

[1] La durée de ce carnaval n'était que de vingt-quatre heures.

Vendu sans doute au ministère,
Tu ne viens qu'afin qu'on t'enterre,
Quand sur toi nous avions compté
Pour quelques jours de liberté.
 Carnaval (*bis*), ah! comment nos belles
  T'accueilleront-elles?

On crie à la ville, à la cour :
Ah! qu'il est court! ah! qu'il est court!

Des ministres, oui, je le gage,
A la Chambre, on te croit l'ouvrage;
Et contre eux enfin déclaré,
Le ventre même a murmuré.
 Carnaval (*bis*), ah! comment nos belles
  T'accueilleront-elles?

On crie à la ville, à la cour :
Ah! qu'il est court! ah! qu'il est court!

Dis-moi, ta maigreur sans égale
Est-elle une *leçon morale*
Que chez nous, en venant dîner,
Wellington veut encor donner [1]?
 Carnaval (*bis*), ah! comment nos belles
  T'accueilleront-elles?

On crie à la ville, à la cour :
Ah! qu'il est court! ah! qu'il est court!

---

[1] Lord Wellington, lors de l'enlèvement des chefs-d'œuvre du Musée, prétendit que nous avions besoin d'une *leçon morale*.

En France on vit de sacrifice :
Aurait-on craint que la police,
Toujours prête à nous égayer,
N'eût trop de masques à payer?
Carnaval (*bis*), ah! comment nos belles
   T'accueilleront-elles?

On crie à la ville, à la cour :
Ah! qu'il est court! ah! qu'il est court! (*Bis.*)

LE RETOUR DANS LA PATRIE.

Air : Suzon sortant de son village.

Qu'il va lentement, le navire
A qui j'ai confié mon sort !
Au rivage où mon cœur aspire,
Qu'il est lent à trouver un port !
   France adorée!
   Douce contrée!
Mes yeux cent fois ont cru te découvrir.
   Qu'un vent rapide
   Soudain nous guide
Aux bords sacrés où je reviens mourir.
Mais enfin le matelot crie :
Terre! terre! là-bas, voyez!
Ah! tous mes maux sont oubliés.
   Salut à ma patrie! (*Ter.*)

Oui, voilà les rives de France;

Oui, voilà le port vaste et sûr,
Voisin des champs où mon enfance
S'écoula sous un chaume obscur.
    France adorée!
    Douce contrée!
Après vingt ans enfin je te revois;
    De mon village
    Je vois la plage,
Je vois fumer la cime de nos toits.
Combien mon âme est attendrie!
Là furent mes premiers amours;
Là ma mère m'attend toujours.
    Salut à ma patrie!

Loin de mon berceau, jeune encore,
L'inconstance emporta mes pas
Jusqu'au sein des mers où l'aurore
Sourit aux plus riches climats.
    France adorée!
    Douce contrée!
Dieu te devait leurs fécondes chaleurs.
    Toute l'année,
    Là, brille ornée
De fleurs, de fruits, et de fruits et de fleurs.
Mais, là, ma jeunesse flétrie
Rêvait à des climats plus chers;
Là je regrettais nos hivers,
    Salut à ma patrie!

J'ai pu me faire une famille,
Et des trésors m'étaient promis.
Sous un ciel où le sang pétille,

A mes vœux l'amour fut soumis.
 France adorée!
 Douce contrée!
Que de plaisirs quittés pour te revoir!
 Mais sans jeunesse,
 Mais sans richesse,
Si d'être aimé je dois perdre l'espoir;
De mes amours, dans la prairie,
Les souvenirs seront présents :
C'est du soleil pour mes vieux ans.
 Salut à ma patrie!

Poussé chez des peuples sauvages
Qui m'offraient de régner sur eux,
J'ai su défendre leurs rivages
Contre des ennemis nombreux.
 France adorée!
 Douce contrée!
Tes champs alors gémissaient envahis.
 Puissance et gloire,
 Cris de victoire,
Rien n'étouffa la voix de mon pays.
De tout quitter mon cœur me prie :
Je reviens pauvre, mais constant.
Une bêche est là qui m'attend.
 Salut à ma patrie!

Au bruit des transports d'allégresse,
Enfin le navire entre au port.
Dans cette barque où l'on se presse,
Hâtons-nous d'atteindre le bord.
 France adorée!

Douce contrée!
Puissent tes fils te revoir ainsi tous!
Enfin j'arrive,
Et sur la rive
Je rends au ciel, je rends grâce à genoux.
Je t'embrasse, ô terre chérie!
Dieu! qu'un exilé doit souffrir!
Moi, désormais je puis mourir.
Salut à ma patrie! (*Ter.*)

LE VENTRU,

ou

COMPTE RENDU DE LA SESSION DE 1818

AUX ÉLECTEURS DU DÉPARTEMENT DE...

PAR M***.

Air : J'ons un curé patriote.

Électeurs de ma province,
Il faut que vous sachiez tous
Ce que j'ai fait pour le prince,
Pour la patrie et pour vous.
L'État n'a point dépéri :
Je reviens gras et fleuri.
  Quels dînés,
  Quels dînés
Les ministres m'ont donnés!
Oh! que j'ai fait de bons dînés! } *Bis.*

Au ventre toujours fidèle,
J'ai pris, suivant ma leçon,
Place à dix pas de Villèle [1],
A quinze de d'Argenson;
Car dans ce ventre étoffé
Je suis entré tout truffé.
    Quels dînés,
    Quels dînés
Les ministres m'ont donnés!
Oh! que j'ai fait de bons dînés!

Comme il faut au ministère
Des gens qui parlent toujours
Et hurlent pour faire taire
Ceux qui font de bons discours,
J'ai parlé, parlé, parlé;
J'ai hurlé, hurlé, hurlé.
    Quels dînés,
    Quels dînés
Les ministres m'ont donnés!
Oh! que j'ai fait de bons dînés!

Si la presse a des entraves,
C'est que je l'avais promis;
Si j'ai bien parlé des braves,
C'est qu'on me l'avait permis.
J'aurais voté dans un jour
Dix fois contre et dix fois pour.

---

[1] A cette époque, M. de Villèle était le chef de l'opposition de droite, vers laquelle penchait toujours le pouvoir. Il est inutile de rappeler que M. d'Argenson était un des membres les plus avancés de l'opposition de gauche.

Quels dînés,
Quels dînés
Les ministres m'ont donnés !
Oh ! que j'ai fait de bons dînés !

J'ai repoussé les enquêtes,
Afin de plaire à la cour ;
J'ai, sur toutes les requêtes,
Demandé l'*ordre du jour*.
Au nom du roi, par mes cris,
J'ai rebanni les proscrits [1].
    Quels dînés,
    Quels dînés
Les ministres m'ont donnés !
Oh ! que j'ai fait de bons dînés !

Des dépenses de police
J'ai prouvé l'utilité ;
Et, non moins Français qu'un Suisse,
Pour les Suisses j'ai voté.
Gardons bien, et pour raison,
Ces amis de la maison.
    Quels dînés,
    Quels dînés
Les ministres m'ont donnés !
Oh ! que j'ai fait de bons dînés !

Malgré des calculs sinistres,

---

[1] Dans la session de 1818, un grand nombre d'adresses, présentées à la Chambre en faveur du rappel des proscrits, amena une discussion extrêmement vive, que termina l'ordre du jour.

Vous paierez, sans y songer,
L'étranger et les ministres,
Les ventrus et l'étranger.
Il faut que, dans nos besoins,
Le peuple dîne un peu moins.
  Quels dînés,
  Quels dînés
Les ministres m'ont donnés !
Oh ! que j'ai fait de bons dînés !

Enfin, j'ai fait mes affaires :
Je suis procureur du roi ;
J'ai placé deux de mes frères,
Mes trois fils ont de l'emploi.
Pour les autres sessions
J'ai cent invitations.
  Quels dînés,
  Quels dînés
Les ministres m'ont donnés ! *Bis.*
Oh ! que j'ai fait de bons dînés !

LA COURONNE.

COUPLETS

CHANTÉS PAR UN ROI DE LA FÈVE.

Air :

Grâce à la fève, je suis roi.
Nous le voulons : versez à boire !
Çà, mes sujets, couronnez-moi,
Et qu'on porte envie à ma gloire ;

A l'espoir du rang le plus beau
Point de cœur qui ne s'abandonne.
Nul n'est content de son chapeau :
Chacun voudrait une couronne.

Un roi sur son front obscurci
Porte une couronne éclatante.
Le pâtre a sa couronne aussi,
Couronne de fleurs qui me tente.
A l'un le ciel la fait payer ;
Mais au berger l'amour la donne :
Le roi l'ôte pour sommeiller,
Colin dort avec sa couronne.

Le Français, poëte et guerrier,
Sert les Muses et la Victoire.
Le front ceint d'un double laurier,
Il triomphe et chante sa gloire.
Quand du rang qu'il doit occuper
Il tombe, trahi par Bellone,
Le sceptre lui peut échapper,
Mais il conserve sa couronne.

Belles, vous portez à quinze ans
La couronne de l'innocence :
Bientôt viennent les courtisans ;
Comme les rois on vous encense.
Comme eux de piéges séducteurs
L'artifice vous environne ;
Vous n'écoutez que vos flatteurs,
Et vous perdez votre couronne.

Perdre une couronne ! A ces mots,
Chacun doit penser à la sienne.
Je n'ai point doublé les impôts ;
Je n'ai point de noblesse ancienne.
Mon peuple, buvons de concert :
La place me paraît si bonne !
N'allez pas avant le dessert
Me faire abdiquer la couronne.

LES MISSIONNAIRES.

Air : Le cœur à la danse, etc.

Satan dit un jour à ses pairs :
  On en veut à nos hordes ;
C'est en éclairant l'univers
  Qu'on éteint les discordes.
  Par brevet d'invention
  J'ordonne une mission.
    En vendant des prières,
Vite soufflons, soufflons, morbleu !
    Éteignons les lumières
    Et rallumons le feu.
} *Bis.*

Exploitons, en diables cafards,
  Hameau, ville et banlieue.
D'Ignace imitons les renards,
  Cachons bien notre queue.
Au nom du Père et du Fils,
Gagnons sur les crucifix.

En vendant des prières,
Vite soufflons, soufflons, morbleu !
Éteignons les lumières
Et rallumons le feu.

Que de miracles on va voir
Si le ciel ne s'en mêle !
Sur des biens qu'on voudrait ravoir
Faisons tomber la grêle.
Publions que Jésus-Christ
Par la poste nous écrit [1].
En vendant des prières,
Vite soufflons, soufflons, morbleu !
Éteignons les lumières
Et rallumons le feu.

Chassons les autres baladins ;
Divisons les familles.
En jetant la pierre aux mondains,
Perdons femmes et filles.
Que tout le sexe enflammé
Nous chante un *Asperges me*.
En vendant des prières,
Vite soufflons, soufflons, morbleu !
Éteignons les lumières
Et rallumons le feu.

Par Ravaillac et Jean Châtel,
Plaçons dans chaque prône,

---

[1] A cette époque, on répandait dans les campagnes une prétendue lettre de Jésus-Christ.

Non point le trône sur l'autel,
  Mais l'autel sur le trône.
  Comme aux bons temps féodaux,
  Que les rois soient nos bedeaux.
    En vendant des prières,
Vite soufflons, soufflons, morbleu !
    Éteignons les lumières
    Et rallumons le feu.

L'Intolérance, front levé,
  Reprendra son allure ;
Les protestants n'ont point trouvé
  D'onguent pour la brûlure.
  Les philosophes aussi
  Déjà sentent le roussi.
    En vendant des prières,
Vite soufflons, soufflons, morbleu !
    Éteignons les lumières
    Et rallumons le feu.

Le diable, après ce mandement,
  Vient convertir la France.
Guerre au nouvel enseignement,
  Et gloire à l'ignorance !
  Le jour fuit et les cagots
  Dansent autour des fagots.
    En vendant des prières,
Vite soufflons, soufflons, morbleu ! *Bis.*
    Éteignons les lumières
    Et rallumons le feu.

LE BON MÉNAGE.

Air de la Légère.

Commissaire !
Commissaire !
Colin bat sa ménagère.
Commissaire,
Laissez faire ;
Pour l'amour
C'est un beau jour.

Commissaire du quartier,
Cela point ne vous regarde ;
Point n'est besoin de la garde
Qu'appelle en vain le portier.
Oui, Colin bat sa Colette ;
Mais ainsi, tous les lundis,
L'amour, aux cris qu'elle jette,
S'éveille dans leur taudis.

Commissaire !
Commissaire !
Colin bat sa ménagère.
Commissaire,
Laissez faire ;
Pour l'amour
C'est un beau jour.

Colin est un gros garçon
Qui chante dès qu'il s'éveille;
Colette, ronde et vermeille,
A la gaieté du pinson.
Chez eux la haine est sans force;
Car tous deux, de leur plein gré,
Pour se passer du divorce
Se sont passés du curé.

 Commissaire!
 Commissaire!
Colin bat sa ménagère.
 Commissaire,
  Laissez faire;
  Pour l'amour
 C'est un beau jour.

Bras dessus et bras dessous,
Chaque soir à la guinguette
S'en vont Colin et Colette
Sabler du vin à six sous.
C'est pour trinquer sous l'ombrage
Où, sans témoin, fut passé
Leur contrat de mariage,
Sur un banc qu'ils ont cassé.

 Commissaire!
 Commissaire!
Colin bat sa ménagère.
 Commissaire,
  Laissez faire;
  Pour l'amour
 C'est un beau jour.

Parfois pour d'autres attraits
Colin se met en dépense;
Mais Colette a pris l'avance,
Et s'en venge encore après.
On aura fait quelque conte,
Et, de dépit transportés,
Peut-être ils règlent le compte
De leurs infidélités.

    Commissaire!
    Commissaire!
Colin bat sa ménagère.
    Commissaire,
    Laissez faire;
    Pour l'amour
C'est un beau jour.

Commissaire du quartier,
Cela point ne vous regarde;
Point n'est besoin de la garde
Qu'appelle en vain le portier.
Déjà sans doute on s'embrasse,
Et dans son lit, à loisir,
Demain Colette, un peu lasse,
Ne s'en prendra qu'au plaisir.

    Commissaire!
    Commissaire!
Colin bat sa ménagère.
    Commissaire,
    Laissez faire;
    Pour l'amour
C'est un beau jour.

LE CHAMP D'ASILE.

Air : Romance de Bélisaire (par GARAT).

Un chef de bannis courageux,
Implorant un lointain asile,
A des sauvages ombrageux
Disait : « L'Europe nous exile.
« Heureux enfants de ces forêts,
« De nos maux apprenez l'histoire :
« Sauvages, nous sommes Français ;
« Prenez pitié de notre gloire.

« Elle épouvante encor les rois.
« Et nous bannit des humbles chaumes
« D'où, sortis pour venger nos droits,
« Nous avons dompté vingt royaumes.
« Nous courions conquérir la Paix
« Qui fuyait devant la Victoire.
« Sauvages, nous sommes Français ;
« Prenez pitié de notre gloire.

« Dans l'Inde, Albion a tremblé
« Quand de nos soldats intrépides
« Les chants d'allégresse ont troublé
« Les vieux échos des Pyramides.
« Les siècles pour tant de hauts faits
« N'auront point assez de mémoire.

« Sauvages, nous sommes Français ;
« Prenez pitié de notre gloire.

« Un homme enfin sort de nos rangs ;
« Il dit : « Je suis le dieu du monde. »
« L'on voit soudain les rois errants
« Conjurer sa foudre qui gronde.
« De loin saluant son palais,
« A ce dieu seul ils semblaient croire.
« Sauvages, nous sommes Français ;
« Prenez pitié de notre gloire.

« Mais il tombe ; et nous, vieux soldats,
« Qui suivions un compagnon d'armes,
« Nous voguons jusqu'en vos climats,
« Pleurant la patrie et ses charmes.
« Qu'elle se relève à jamais
« Du grand naufrage de la Loire !
« Sauvages, nous sommes Français ;
« Prenez pitié de notre gloire. »

Il se tait. Un sauvage alors
Répond : « Dieu calme les orages.
« Guerriers ! partagez nos trésors,
« Ces champs, ces fleuves, ces ombrages.
« Gravons sur l'arbre de la Paix
« Ces mots d'un fils de la Victoire :
« Sauvages, nous sommes Français ;
« Prenez pitié de notre gloire. »

Le Champ d'Asile est consacré ;
Élevez-vous, cité nouvelle !

Soyez-nous un port assuré
Contre la Fortune infidèle.
Peut-être aussi des plus hauts faits
Nos fils vous racontant l'histoire,
Vous diront : Nous sommes Français ;
Prenez pitié de notre gloire.

LA MORT DE CHARLEMAGNE.

Air : Le bruit des roulettes gâte tout.

Dans le vieux Roman de la Rose
J'ai vu que le fils de Pépin,
Redoutant son apothéose,
Disait à l'évêque Turpin :
« Prélat, sois bon à quelque chose ;
« L'âge m'accable, guéris-moi. »
« Oui, lui dit Turpin, et vive le roi. » (*Bis.*)

« Turpin, sais-tu qu'on me répète
« Ce mot-là depuis bien longtemps ? »
Turpin répond : « J'ai la recette
« D'un cœur de vierge de vingt ans.
« Fleur de vingt ans, vertu parfaite,
« Vous rajeunira, sur ma foi.
« Sauvons la patrie, et vive le roi ! »

Vite un décret de Charlemagne
Met un haut prix à ce trésor :
On cherche à Rome, en Allemagne,

Même en France on le cherche encor.
Les curés cherchaient en campagne,
Disant : « Ce prince plein de foi
« Doublera la dîme, et vive le roi! »

Turpin d'abord trouve lui-même
Cœur de vingt ans non profané;
Mais un bon moine de Télème
Le croque à l'instant sous son né.
Quoi! sans respect du diadème!
« Oui, dit le moine; c'est ma loi.
« L'Église avant tout, et vive le roi! »

Un juge, espérant la simarre,
Loin de Paris cherche si bien,
Qu'il découvre aussi l'oiseau rare
Qu'attendait le roi très-chrétien.
Un seigneur dit : « Je m'en empare;
« Le droit de jambage est à moi.
« Tout pour la noblesse, et vive le roi! »

« Je serai duc! » s'écrie un page,
Dénichant enfin à son tour
Fille de vingt ans neuve et sage,
Que soudain il mène à la cour.
On illumine à son passage;
Et le peuple, qui sait pourquoi,
Chante un *Te Deum*, et vive le roi!

Mais, en voyant le doux remède,
Le roi dit : « C'est l'esprit malin.
« Fi donc! cette vierge est trop laide;

« Mieux vaut mourir comme un vilain. »
Or, il meurt ; son fils lui succède,
Et Turpin répète au convoi :
« Vite, qu'on l'enterre, et vive le roi ! » (*Bis.*)

LE VENTRU

AUX ÉLECTIONS DE 1819.

AIR : Faut d'la vertu, pas trop n'en faut.

Autour du pot c'est trop tourner,
Messieurs ! l'on m'attend pour dîner. } *Bis.*

Électeurs, j'ai, sans nul mystère,
Fait de bons dîners l'an passé.
On met la table au ministère ;
Renommez-moi, je suis pressé.

Autour du pot c'est trop tourner,
Messieurs ! l'on m'attend pour dîner.

Préfets, que tout nous réussisse,
Et du moins vous conserverez,
Si l'on vous traduit en justice,
Le droit de choisir les jurés.

Autour du pot c'est trop tourner,
Messieurs ! l'on m'attend pour dîner.

Maires, soignez bien mes affaires :

Vous courez aussi des dangers.
Si les villes nommaient leurs maires,
Moins de loups deviendraient bergers.

Autour du pot c'est trop tourner,
Messieurs! l'on m'attend pour dîner.

Dévots, j'ai la foi la plus forte;
A Dieu je dis chaque matin :
Faites qu'à cent écus l'on porte
La patente d'ignorantin.

Autour du pot c'est trop tourner,
Messieurs! l'on m'attend pour dîner.

Ultras, c'est moi qu'il faut qu'on nomme;
Faisons la paix, preux chevaliers;
N'oubliez pas que je suis homme
A manger à deux râteliers.

Autour du pot c'est trop tourner,
Messieurs! l'on m'attend pour dîner.

Libéraux, dans vos doléances,
Pourquoi donc vous en prendre à moi,
Quand le creuset des ordonnances
Peut faire évaporer la loi?

Autour du pot c'est trop tourner,
Messieurs! l'on m'attend pour dîner.

Les emplois étant ma ressource,

Aux impôts dois-je m'opposer?
Par bonheur je remplis la bourse
Où par devoir j'aime à puiser.

Autour du pot c'est trop tourner
Messieurs! l'on m'attend pour dîner.

On craindrait l'équité farouche
D'un tas d'orateurs éclatants;
Moi, dès que j'ouvrirai la bouche,
Les ministres seront contents.

Autour du pot c'est trop tourner,
Messieurs! l'on m'attend pour dîner.

LA NATURE.

Air : Ah! que de chagrins dans la vie!

Combien la nature est féconde
En plaisirs ainsi qu'en douleurs!
De noirs fléaux couvrent le monde
De débris, de sang et de pleurs. (*Bis.*)
Mais à ses pieds la beauté nous attire;
Mais des raisins le nectar est foulé.
Coulez, bons vins; femmes, daignez sourire; } *Bis.*
Et l'univers est consolé.

Chaque pays eut son déluge;
Hélas! peut-être jour et nuit

Une arche est encor le refuge
De mortels que l'onde poursuit.
Sitôt qu'Iris brille sur leur navire,
Et que vers eux la colombe a volé,
Coulez, bons vins; femmes, daignez sourire;
Et l'univers est consolé.

Quel autre champ de funérailles!
L'Etna s'agite, et, furieux,
Semble, du fond de ses entrailles,
Vomir l'enfer contre les cieux.
Mais pour renaître enfin sa rage expire :
Il se rasseoit sur le monde ébranlé.
Coulez, bons vins; femmes, daignez sourire;
Et l'univers est consolé.

Dieu! que de souffrances nouvelles!
L'affreux vautour de l'Orient,
La peste a déployé ses ailes
Sur l'homme qui tombe en fuyant.
Le ciel s'apaise, et la pitié respire;
On tend la main au malade exilé.
Coulez, bons vins; femmes, daignez sourire;
Et l'univers est consolé.

Mars enfin comble nos misères :
Des rois nous payons les défis.
Humide encor du sang des pères,
La terre boit le sang des fils.
Mais l'homme aussi se lasse de détruire,
Et la nature à son cœur a parlé.

Coulez, bons vins; femmes, daignez sourire;
　Et l'univers est consolé.

Ah! loin d'accuser la nature,
　Du printemps chantons le retour;
　Des roses de sa chevelure
　Parfumons la joie et l'amour.
Malgré l'horreur que l'esclavage inspire,
Sur les débris d'un empire écroulé,
Coulez, bons vins; femmes, daignez sourire; ⎫
　Et l'univers est consolé. ⎭ *Bis.*

LES CARTES, ou L'HOROSCOPE.

Air de la Petite Gouvernante.

Tandis qu'en faisant sa prière,
　Au coin du feu maman s'endort,
　Peu faite pour être ouvrière,
　Dans les cartes cherchons mon sort.
Maman dirait : Craignez les bagatelles!
　Le diable est fin; tremblez, Suzon!
Mais j'ai seize ans : les cartes seront belles. ⎫
　Les cartes ont toujours raison, ⎬ *Bis.*
　Toujours raison; toujours raison. ⎭

Amour, enfant ou mariage,
　Sachons ce qui m'attend ici.
　J'ai certain amant qui voyage :
　Valet de cœur? Bon! le voici.

Pour une veuve, aux pleurs il me condamne.
L'ingrat l'épouse, ô trahison!
J'entre au couvent; mon confesseur me damne.
Les cartes ont toujours raison,
Toujours raison, toujours raison.

Au parloir, témoin de mes larmes,
Le roi de carreau vient souvent.
C'est un prince épris de mes charmes;
Il m'enlève de mon couvent.
Par des cadeaux son altesse m'entraîne
Jusqu'à sa petite maison.
La nuit survient, et je suis presque reine.
Les cartes ont toujours raison,
Toujours raison, toujours raison.

Je suis le prince à la campagne :
On vient lui parler contre moi.
En secret un brun m'accompagne;
Tout se découvre : adieu mon roi!
Un de perdu, j'en vois arriver douze;
J'enflamme un campagnard grison :
Je suis cruelle, et celui-là m'épouse.
Les cartes ont toujours raison,
Toujours raison, toujours raison.

En ménage d'une semaine,
Dans un char je brille à Paris.
C'est le roi de trèfle qui mène;
Mon mari gronde, et je m'en ris.
Dieu! l'amour fuit à l'aspect d'une vieille!
En ai-je passé la saison?

Eh! non vraiment, c'est maman qui s'éveille.
   Les cartes ont toujours raison,
   Toujours raison, toujours raison.

LA SAINTE ALLIANCE DES PEUPLES.

CHANSON

CHANTÉE A LIANCOURT POUR LA FÊTE DONNÉE PAR
M. LE DUC DE LA ROCHEFOUCAULD,
EN RÉJOUISSANCE DE L'ÉVACUATION DU TERRITOIRE FRANÇAIS
AU MOIS D'OCTOBRE 1818.

Air du Dieu des bonnes gens.

J'ai vu la Paix descendre sur la terre,
Semant de l'or, des fleurs et des épis.
L'air était calme, et du dieu de la guerre
Elle étouffait les foudres assoupis.
« Ah! disait-elle, égaux par la vaillance,
« Français, Anglais, Belge, Russe ou Germain,
« Peuples, formez une sainte alliance,
   « Et donnez-vous la main.

« Pauvres mortels, tant de haine vous lasse;
« Vous ne goûtez qu'un pénible sommeil.
« D'un globe étroit divisez mieux l'espace :
« Chacun de vous aura place au soleil.
« Tous attelés au char de la puissance,
« Du vrai bonheur vous quittez le chemin,
« Peuples, formez une sainte alliance,
   « Et donnez-vous la main.

« Chez vos voisins vous portez l'incendie ;
« L'aquilon souffle, et vos toits sont brûlés ;
« Et, quand la terre est enfin refroidie,
« Le soc languit sous des bras mutilés.
« Près de la borne où chaque État commence,
« Aucun épi n'est pur de sang humain.
« Peuples, formez une sainte alliance,
   « Et donnez-vous la main.

« Des potentats, dans vos cités en flammes,
« Osent, du bout de leur sceptre insolent
« Marquer, compter, et recompter les âmes
« Que leur adjuge un triomphe sanglant.
« Faibles troupeaux, vous passez, sans défense,
« D'un joug pesant sous un joug inhumain.
« Peuples, formez une sainte alliance,
   « Et donnez-vous la main.

« Que Mars en vain n'arrête point sa course ;
« Fondez des lois dans vos pays souffrants ;
« De votre sang ne livrez plus la source
« Aux rois ingrats, aux vastes conquérants.
« Des astres faux conjurez l'influence ;
« Effroi d'un jour, ils pâliront demain.
« Peuples, formez une sainte alliance,
   « Et donnez-vous la main.

« Oui, libre enfin, que le monde respire ;
« Sur le passé jetez un voile épais.
« Semez vos champs aux accords de la lyre ;
« L'encens des arts doit brûler pour la paix.
« L'espoir riant, au sein de l'abondance,

« Accueillera les doux fruits de l'hymen.
« Peuples, formez une sainte alliance,
  « Et donnez-vous la main. »

Ainsi parlait cette vierge adorée,
Et plus d'un roi répétait ses discours.
Comme au printemps la terre était parée ;
L'automne en fleurs rappelait les amours [1].
Pour l'étranger coulez, bons vins de France :
De sa frontière il reprend le chemin.
Peuples, formons une sainte alliance,
  Et donnons-nous la main.

ROSETTE.

Air nouveau de M. DE BEAUPLAN.

Sans respect pour votre printemps,
Quoi ! vous me parlez de tendresse,
Quand sous le poids de quarante ans
Je vois succomber ma jeunesse !
Je n'eus besoin pour m'enflammer
Jadis que d'une humble grisette.
Ah ! que ne puis-je vous aimer
Comme autrefois j'aimais Rosette !

Votre équipage, tous les jours,
Vous montre en parure brillante.

---

[1] L'automne de 1818 fut d'une beauté remarquable : beaucoup d'arbres fruitiers refleurirent, même dans le nord de la France.

Rosette, sous de frais atours,
Courait à pied, leste et riante.
Partout ses yeux, pour m'alarmer,
Provoquaient l'œillade indiscrète.
Ah! que ne puis-je vous aimer
Comme autrefois j'aimais Rosette!

Dans le satin de ce boudoir,
Vous souriez à mille glaces.
Rosette n'avait qu'un miroir;
Je le croyais celui des Grâces.
Point de rideaux pour s'enfermer;
L'aurore égayait sa couchette.
Ah! que ne puis-je vous aimer
Comme autrefois j'aimais Rosette!

Votre esprit, qui brille éclairé,
Inspirerait plus d'une lyre.
Sans honte je vous l'avouerai,
Rosette à peine savait lire.
Ne pouvait-elle s'exprimer,
L'amour lui servait d'interprète.
Ah! que ne puis-je vous aimer
Comme autrefois j'aimais Rosette!

Elle avait moins d'attraits que vous;
Même elle avait un cœur moins tendre.
Oui, ses yeux se tournaient moins doux
Vers l'amant, heureux de l'entendre.
Mais elle avait, pour me charmer,
Ma jeunesse que je regrette.

Ah! que ne puis-je vous aimer
Comme autrefois j'aimais Rosette!

LES RÉVÉRENDS PÈRES.

DÉCEMBRE 1819[1].

Air : Bonjour, mon ami Vincent.

Hommes noirs, d'où sortez-vous?
Nous sortons de dessous terre.
Moitié renards, moitié loups,
Notre règle est un mystère.
Nous sommes fils de Loyola;
Vous savez pourquoi l'on nous exila.
Nous rentrons, songez à vous taire!
Et que vos enfants suivent nos leçons.
　　C'est nous qui fessons,
　　Et qui refessons
Les jolis petits, les jolis garçons.

Un pape nous abolit [2];
Il mourut dans les coliques.
Un pape nous rétablit [3];
Nous en ferons des reliques.
Confessons, pour être absolus :

---

[1] A cette époque, les jésuites avaient déjà fait irruption partout et voulaient s'emparer de l'instruction publique.

[2] Clément XIV, qui mourut un an après le renversement des jésuites, non sans de violentes présomptions d'empoisonnement.

[3] Pie VII.

Henri Quatre est mort, qu'on n'en parle plus.
Vivent les rois bons catholiques !
Pour Ferdinand Sept nous nous prononçons.
    Et puis nos fessons,
    Et nous refessons
Les jolis petits, les jolis garçons.

Par le grand homme du jour
Nos maisons sont protégées.
Oui, d'un baptême de cour
Voyez en nous les dragées [1].
Le favori, par tant d'égards,
Espère acquérir de pieux mouchards.
Encor quelques lois de changées,
Et, pour le sauver, nous le renversons.
    Et puis nous fessons,
    Et nous refessons
Les jolis petits, les jolis garçons.

Si tout ne changeait dans peu,
Si l'on croyait la canaille,
La Charte serait de feu,
Et le monarque de paille.
Nous avons le secret d'en haut :
La Charte de paille est ce qu'il nous faut.
C'est litière pour la prêtraille ;
Elle aura la dîme, et nous les moissons.
    Et puis nous fessons,
    Et nous refessons

---

[1] M. le duc D.... venait d'obtenir l'honneur d'avoir la duchesse d'Angoulême pour marraine de son fils.

Les jolis petits, les jolis garçons.

Du fond d'un certain palais
Nous dirigeons nos attaques.
Les moines sont nos valets :
On a refait leurs casaques.
Les missionnaires sont tous
Commis voyageurs trafiquant pour nous.
Les capucins sont nos cosaques.
A prendre Paris nous les exerçons [1].
  Et puis nous fessons,
  Et nous refessons
Les jolis petits, les jolis garçons.

Enfin reconnaissez-nous
Aux âmes déjà séduites.
Escobar va sous nos coups
Voir vos écoles détruites.
Au pape rendez tous ses droits;
Léguez-nous vos biens, et portez nos croix.
Nous sommes, nous sommes jésuites;
Français, tremblez tous : nous vous bénissons !
  Et puis nous fessons,
  Et nous refessons
Les jolis petits, les jolis garçons.

---

[1] On voyait surgir des capucins dans plusieurs départements, et quelques-uns tentèrent de se montrer à Paris.

LES ENFANTS DE LA FRANCE.

1819.

Air : Vaudeville de Turenne.

Reine du monde, ô France! ô ma patrie!
Soulève enfin ton front cicatrisé.
Sans qu'à tes yeux leur gloire en soit flétrie,
De tes enfants l'étendard s'est brisé. (*Bis.*)
Quand la Fortune outrageait leur vaillance,
Quand de tes mains tombait ton sceptre d'or,
   Tes ennemis disaient encor :
  Honneur aux enfants de la France! (*Bis.*)

De tes grandeurs tu sus te faire absoudre,
France, et ton nom triomphe des revers.
Tu peux tomber, mais c'est comme la foudre
Qui se relève et gronde au haut des airs.
Le Rhin aux bords ravis à ta puissance
Porte à regret le tribut de ses eaux;
   Il crie au fond de ses roseaux :
  Honneur aux enfants de la France!

Pour effacer des coursiers du Barbare
Les pas empreints dans tes champs profanés,
Jamais le ciel te fut-il moins avare?
D'épis nombreux vois ces champs couronnés.
D'un vol fameux prompts à venger l'offense [1],

---

[1] La spoliation du Musée.

Vois les beaux-arts, consolant leurs autels,
   Y graver en traits immortels :
   Honneur aux enfants de la France !

Prête l'oreille aux accents de l'histoire :
Quel peuple ancien devant toi n'a tremblé ?
Quel nouveau peuple, envieux de ta gloire,
Ne fut cent fois de ta gloire accablé ?
En vain l'Anglais a mis dans la balance
L'or que pour vaincre ont mendié les rois ;
   Des siècles entends-tu la voix ?
   Honneur aux enfants de la France !

Dieu, qui punit le tyran et l'esclave,
Veut te voir libre, et libre pour toujours.
Que tes plaisirs ne soient plus une entrave :
La Liberté doit sourire aux amours.
Prends son flambeau, laisse dormir sa lance ;
Instruis le monde, et cent peuples divers
   Chanteront en brisant leurs fers :
   Honneur aux enfants de la France !

Relève-toi, France, reine du monde !
Tu vas cueillir tes lauriers les plus beaux.
Oui, d'âge en âge une palme féconde
Doit de tes fils protéger les tombeaux. (*Bis.*)
Que près du mien, telle est mon espérance,
Pour la patrie admirant mon amour,
   Le voyageur répète un jour :
   Honneur aux enfants de la France ! (*Bis.*)

LES MIRMIDONS

ou

LES FUNÉRAILLES D'ACHILLE.

DÉCEMBRE 1819.

Air du Vaudeville de la Garde nationale.

CHOEUR.

Mirmidons, race féconde,
 Mirmidons,
 Enfin nous commandons :
Jupiter livre le monde
Aux mirmidons, aux mirmidons. (*Bis.*)

Voyant qu'Achille succombe,
Ses mirmidons, hors des rangs,
Disent : Dansons sur sa tombe ;
Les petits vont être grands.

Mirmidons, race féconde,
 Mirmidons,
 Enfin nous commandons :
Jupiter livre le monde
Aux mirmidons, aux mirmidons.

D'achille tournant les broches,
Pour engraisser nous rampions :

Il tombe, sonnons les cloches,
Allumons tous nos lampions.

Mirmidons, race féconde,
    Mirmidons,
Enfin nous commandons :
Jupiter livre le monde
Aux mirmidons, aux mirmidons.

De l'armée et de la flotte
Les gens seront malmenés.
Rendons-leur les coups de botte
Qu'Achille nous a donnés.

Mirmidons, race féconde,
    Mirmidons,
Enfin nous commandons :
Jupiter livre le monde
Aux mirmidons, aux mirmidons.

Toi, *mironton, mirontaine*,
Prends l'arme de ce héros ;
Puis, en vrai Croquemitaine,
Tu feras peur aux marmots.

Mirmidons, race féconde,
    Mirmidons,
Enfin nous commandons :
Jupiter livre le monde
Aux mirmidons, aux mirmidons.

De son habit de bataille,

Qu'ont respecté les boulets,
A dix rois de notre taille
Faisons dix habits complets.

Mirmidons, race féconde,
  Mirmidons,
 Enfin nous commandons :
Jupiter livre le monde
Aux mirmidons, aux mirmidons.

Son sceptre, qu'on nous défère,
Est trop pesant et trop long;
Son fouet fait mieux notre affaire.
Trottez, peuples, trottez donc !

Mirmidons, race féconde,
  Mirmidons,
 Enfin nous commandons :
Jupiter livre le monde
Aux mirmidons, aux mirmidons.

Qu'un Nestor en vain nous crie :
L'ennemi fait des progrès !
Ne parlons plus de patrie;
L'on nous écoute au congrès !

Mirmidons, race féconde,
  Mirmidons,
 Enfin nous commandons :
Jupiter livre le monde
Aux mirmidons, aux mirmidons.

Forçant les lois à se taire,
Gouvernons sans embarras,
Nous qui mesurons la terre
A la longueur de nos bras.

Mirmidons, race féconde,
    Mirmidons,
Enfin nous commandons :
Jupiter livre le monde
Aux mirmidons, aux mirmidons.

Achille était poétique ;
Mais, morbleu ! nous l'effaçons.
S'il inspire une œuvre épique,
Nous inspirons des chansons.

Mirmidons, race féconde,
    Mirmidons,
Enfin nous commandons :
Jupiter livre le monde
Aux mirmidons, aux mirmidons.

Pourtant d'une peur servile
Parfois rien ne nous défend.
Grands dieux ! c'est l'ombre d'Achille !
Eh ! non ; ce n'est qu'un enfant [1].

Mirmidons, race féconde,
    Mirmidons,

---

[1] Allusion au fils de l'empereur Napoléon.

Enfin nous commandons :
Jupiter livre le monde
Aux mirmidons, aux mirmidons. (*Bis.*)

LES ROSSIGNOLS.

Air : C'est à mon maître en l'art de plaire.

La nuit a ralenti les heures ;
Le sommeil s'étend sur Paris.
Charmez l'écho de nos demeures ;
Éveillez-vous, oiseaux chéris.
Dans ces instants où le cœur pense,
Heureux qui peut rentrer en soi !
De la nuit j'aime le silence :
Doux rossignols, chantez pour moi. (*Bis.*)

Doux chantres de l'amour fidèle,
De Phryné fuyez le séjour :
Phryné rend chaque nuit nouvelle
Complice d'un nouvel amour.
En vain des baisers sans ivresse
Ont scellé des serments sans foi ;
Je crois encore à la tendresse :
Doux rossignols, chantez pour moi.

Pour vous il n'est point de Zoïle ;
Mais croyez-vous, par vos accords,
Toucher l'avare au cœur stérile,

Qui compte à présent ses trésors?
Quand la nuit favorable aux ruses
Pour son or le remplit d'effroi,
Ma pauvreté sourit aux Muses :
Doux rossignols, chantez pour moi.

Vous qui redoutez l'esclavage,
Ah! refusez vos tendres airs
A ces nobles qui, d'âge en âge,
Pour en donner portent des fers.
Tandis qu'ils veillent en silence,
Debout, auprès du lit d'un roi,
C'est la liberté que j'encense :
Doux rossignols, chantez pour moi.

Mais votre voix devient plus vive :
Non, vous n'aimez pas les méchants.
Du printemps le parfum m'arrive
Avec la douceur de vos chants.
La nature, plus belle encore,
Dans mon cœur va graver sa loi.
J'attends le réveil de l'aurore :
Doux rossignols, chantez pour moi.. (*Bis.*)

HALTE-LA !

ou

LE SYSTÈME DES INTERPRÉTATIONS,

CHANSON DE FÊTE POUR MARIE ***.

Air : Halte-là! la garde royale est là.

Comment, sans vous compromettre,
Vous tourner un compliment?
De ne rien prendre à la lettre
Nos juges ont fait serment.
Puis-je parler de Marie?
Vatiménil dira : « Non.
« C'est la mère d'un Messie,
« Le deuxième de son nom.
  « Halte-là! (Bis.)
« Vite en prison pour cela. »

Dirai-je que la nature
Vous combla d'heureux talents;
Que les dieux de la peinture
Sont touchés de votre encens;
Que votre âme encor brisée
Pleure un vol fait par des rois?
« Ah! vous pleurez le Musée,
« Dit Marchangy *le Gaulois*.
  « Halte-là!
« Vite en prison pour cela. »

Si je dis que la musique
Vous offre aussi des succès;
Qu'à plus d'un chant héroïque
S'émeut votre cœur français;
« On ne m'en fait point accroire,
« S'écrie Hua radieux;
« Chanter la France et la gloire,
« C'est par trop séditieux.
  « Halte-là!
« Vite en prison pour cela. »

Si je peins la bienfaisance
Et les pleurs qu'elle tarit;
Si je chante l'opulence
A qui le pauvre sourit,
Jaquinot de Pampelune
Dit : « La bonté rend suspect;
« Et soulager l'infortune,
« C'est nous manquer de respect.
  « Halte-là!
« Vite en prison pour cela. »

En vain l'amitié m'inspire :
Je suis effrayé de tout.
A peine j'ose vous dire
Que c'est le quinze d'août.
« Le quinze d'août! s'écrie
« Bellart toujours en fureur :
« Vous ne fêtez pas Marie,
« Mais vous fêtez l'Empereur!
  « Halte-là!
« Vite en prison pour cela. »

Je me tais donc par prudence,
Et n'offre que quelques fleurs.
Grand Dieu! quelle inconséquence!
Mon bouquet a trois couleurs.
Si cette erreur fait scandale,
Je puis me perdre avec vous.
Mais la clémence royale
Est là pour nous sauver tous...
    Halte-là! *(Bis.)*
Vite en prison pour cela.

L'ENFANT DE BONNE MAISON,

ou

MÉMOIRE

PRÉSENTÉ A MESSIEURS DE L'ÉCOLE DES CHARTES, CRÉÉE
PAR UNE NOUVELLE ORDONNANCE.

Air de la Treille de sincérité.

Seuls arbitres
  Du sceau des titres,
Chartriers, rendez-moi l'honneur :
Je suis bâtard d'un grand seigneur. *(Bis.)*

De votre savoir qui prospère,
J'attends parchemins et blason :
Un bâtard est fils de son père;
Je veux restaurer ma maison. *(Bis.)*
Oui, plus noble que certains êtres,
Des priviléges fiers suppôts,

Moi je descends de mes ancêtres ;
Que leur âme soit en repos !

   Seuls arbitres
  Du sceau des titres,
Chartriers, rendez-moi l'honneur :
Je suis bâtard d'un grand seigneur.

Ma mère, en illustre personne,
Dédaigna robins et traitants ;
De l'Opéra sortit baronne,
Et se fit comtesse à trente ans.
Marquise enfin des plus sévères,
Elle nargua les sots propos.
Auprès de mes chastes grand'mères
Que son âme soit en repos !

   Seuls arbitres
  Du sceau des titres,
Chartriers, rendez-moi l'honneur ;
Je suis bâtard d'un grand seigneur.

Mon père, que sans flatterie
Je cite avant tous ses aïeux,
Était chevalier d'industrie,
Sans en être moins glorieux.
Comme il avait pour plaire aux dames
De vieux cordons et l'air dispos,
Il vécut aux dépens des femmes :
Que son âme soit en repos !

   Seuls arbitres
  Du sceau des titres,

Chartriers, rendez-moi l'honneur :
Je suis bâtard d'un grand seigneur.

Endetté de plus d'une somme,
Et dans un donjon retiré,
Mon aïeul, en bon gentilhomme,
S'enivrait avec son curé.
Sur le dos des gens du village,
Après boire, il cassait les pots.
Il but ainsi son héritage :
Que son âme soit en repos !

   Seuls arbitres
  Du sceau des titres,
Chartriers, rendez-moi l'honneur :
Je suis bâtard d'un grand seigneur.

Mon bisaïeul, chassant de race,
Fut un comte fort courageux,
Qui, laissant rouiller sa cuirasse,
Joua noblement tous les jeux.
Après une suite traîtresse
De pics, de repics, de capots,
Un as dépouilla son altesse :
Que son âme soit en repos !

   Seuls arbitres
  Du sceau des titres,
Chartriers, rendez-moi l'honneur :
Je suis bâtard d'un grand seigneur.

Mon trisaïeul, roi légitime

D'un pays fort mal gouverné,
Tranchait parfois du magnanime,
Surtout quand il avait dîné.
Mais les plaisirs de ce grand prince
Ayant absorbé les impôts,
Il mangea province à province :
Que son âme soit en repos !

 Seuls arbitres
  Du sceau des titres,
Chartriers, rendez-moi l'honneur :
Je suis bâtard d'un grand seigneur.

De ces faits dressez un sommaire,
Messieurs, et prouvez qu'à moi seul
Je vaux autant que père et mère,
Aïeul, bisaïeul, trisaïeul. (*Bis.*)
Grâce à votre art que j'utilise,
Qu'on me tire enfin des tripots;
Qu'on m'enterre au chœur d'une église :
Que mon âme soit en repos !

 Seuls arbitres
  Du sceau des titres,
Chartriers, rendez-moi l'honneur :
Je suis bâtard d'un grand seigneur. (*Bis.*)

LES ÉTOILES QUI FILENT.

Air du Ballet des Pierrots.

Berger, tu dis que notre étoile
Règle nos jours et brille aux cieux.
— Oui, mon enfant ; mais dans son voile
La nuit la dérobe à nos yeux.
— Berger, sur cet azur tranquille
De lire on te croit le secret :
Quelle est cette étoile qui file,
Qui file, file, et disparaît ?

— Mon enfant, un mortel expire ;
Son étoile tombe à l'instant.
Entre amis que la joie inspire,
Celui-ci buvait en chantant.
Heureux, il s'endort immobile
Auprès du vin qu'il célébrait...
— Encore une étoile qui file,
Qui file, file, et disparaît.

— Mon enfant, qu'elle est pure et belle !
C'est celle d'un objet charmant,
Fille heureuse, amante fidèle,
On l'accorde au plus tendre amant.
Des fleurs ceignent son front nubile,
Et de l'hymen l'autel est prêt...

— Encore une étoile qui file,
Qui file, file, et disparaît.

— Mon fils, c'est l'étoile rapide
D'un très-grand seigneur nouveau-né.
Le berceau qu'il a laissé vide,
D'or et de pourpre était orné.
Des poisons qu'un flatteur distille,
C'était à qui le nourrirait...
— Encore une étoile qui file,
Qui file, file, et disparaît.

— Mon enfant, quel éclair sinistre!
C'était l'astre d'un favori
Qui se croyait un grand ministre
Quand de nos maux il avait ri.
Ceux qui servaient ce dieu fragile
Ont déjà caché son portrait...
— Encore une étoile qui file,
Qui file, file, et disparaît.

— Mon fils, quels pleurs seront les nôtres!
D'un riche nous perdons l'appui.
L'indigence glane chez d'autres,
Mais elle moissonnait chez lui.
Ce soir même, sûr d'un asile,
A son toit le pauvre accourait...
— Encore une étoile qui file,
Qui file, file, et disparaît.

— C'est celle d'un puissant monarque!...
Va, mon fils, garde ta candeur;

Et que ton étoile ne marque
Par l'éclat ni la grandeur.
Si tu brillais sans être utile,
A ton dernier jour on dirait :
Ce n'est qu'une étoile qui file,
Qui file, file, et disparaît.

L'ENRHUMÉ.

VAUDEVILLE

SUR LES NOUVELLES LOIS D'EXCEPTION.

Air : Du petit mot pour rire.

Quoi ! pas un seul petit couplet !
Chansonnier, dis-nous donc quel est
  Le mal qui te consume ?
— Amis il pleut, il pleut des lois ;
L'air est malsain, j'en perds la voix.
  Amis, c'est là,
   Oui, c'est cela,
  C'est cela qui m'enrhume.

Chansonnier, quand vient le printemps,
Les oiseaux plus gais, plus contents,
  De chanter ont coutume.
— Oui, mais j'aperçois des réseaux :
En cage on mettra les oiseaux.
  Amis, c'est là,
   Oui, c'est cela,
  C'est cela qui m'enrhume.

La Chambre regorge d'intrus ;
Peins-nous l'un de ces bas ventrus
   Aux dîners qu'il écume.
— Non ; car ces gens, si gras du bec,
Votent l'eau claire et le pain sec [1].
    Amis, c'est là,
     Oui, c'est cela,
   C'est cela qui m'enrhume.

Pour nos pairs fais des vers flatteurs ;
Des Français ce sont les tuteurs :
   Qu'à leur nez l'encens fume.
— Non ; car ils ont mis de moitié
Leur pupilles à la Pitié.
    Amis, c'est là,
     Oui, c'est cela,
   C'est cela qui m'enrhume.

Peins donc Siméon l'anodin ;
Peins-nous surtout Pasquier-Dandin,
   Si fort quand il résume.
— Non : Cicéron m'a convaincu.
P....... dirait : *Il a vécu !* [2]
    Amis, c'est là,
     Oui, c'est cela,
   C'est cela qui m'enrhume.

---

[1] Messieurs du centre voulurent qu'on laissât aux ministres le droit de régler la nourriture des personnes arrêtées comme suspectes.

[2] Allusion à une citation, sans doute fort heureuse, mais peu rassurante, que s'est permise un ministre.

Mais la Charte encor nous défend :
Du roi c'est l'immortel enfant :
　Il l'aime, on le présume.
. . . .
. . . . .¹

　　Amis, c'est là,
　　Oui, c'est cela,
C'est cela qui m'enrhume.

Qu'ai-je dit? et que de dangers!
Le ministre des étrangers,
　Dandin taille sa plume.
On va m'arrêter sans procès :
Le vaudeville est né français.
　　Amis, c'est là,
　　Oui, c'est cela,
C'est cela qui m'enrhume.

LE TEMPS.

Air : Ce magistrat irréprochable.

Près de la beauté que j'adore
Je me croyais égal aux dieux,
Lorsqu'au bruit de l'airain sonore

---

¹ On ne croit pas devoir rétablir ici les deux vers dont l'imprimeur exigea la suppression en 1821. L'auteur ne consentit à cette suppression que parce qu'il pressentit les interprétations malignes auxquelles elle donnerait lieu. Aussi Marchangy tonna-t-il contre ces deux lignes de points. Des points poursuivis en justice ! Il faut les conserver d'autant plus, que les deux vers supprimés ne seraient auprès qu'une bien froide épigramme.

Le Temps apparut à nos yeux. (*Bis.*)
Faible comme une tourterelle
Qui voit la serre des vautours,
Ah! par pitié, lui dit ma belle,
Vieillard, épargnez nos amours!

Devant son front chargé de rides,
Soudain nos yeux se sont baissés;
Nous voyons à ses pieds rapides
La poudre des siècles passés.
A l'aspect d'une fleur nouvelle
Qu'il vient de flétrir pour toujours,
Ah! par pitié, lui dit ma belle,
Vieillard, épargnez nos amours!

Je n'épargne rien sur la terre,
Je n'épargne rien même aux cieux,
Répond-il d'une voix austère :
Vous ne m'avez connu que vieux.
Ce que le passé vous révèle
Remonte à peine à quelques jours.
Ah! par pitié, lui dit ma belle,
Vieillard, épargnez nos amours!

Sur cent premiers peuples célèbres,
J'ai plongé cent peuples fameux
Dans un abîme de ténèbres,
Où vous disparaîtrez comme eux.
J'ai couvert d'une ombre éternelle
Des astres éteints dans leur cours.
Ah! par pitié, lui dit ma belle,
Vieillard, épargnez nos amours!

Mais, malgré moi, de votre monde,
La volupté charme les maux ;
Et de la nature féconde
L'arbre immense étend ses rameaux.
Toujours sa tige renouvelle
Des fruits que j'arrache toujours.
Ah! par pitié, lui dit ma belle,
Vieillard, épargnez nos amours !

Il nous fuit; et près de le suivre,
Les plaisirs, hélas! peu constants,
Nous voyant plus pressés de vivre,
Nous bercent dans l'oubli du Temps.
Mais l'heure en sonnant nous rappelle
Combien tous nos rêves sont courts ;
Et je m'écrie avec ma belle :
Vieillard, épargnez nos amours !

LA FARIDONDAINE

ou

LA CONSPIRATION DES CHANSONS,

INSTRUCTION

AJOUTÉE A LA CIRCULAIRE DE M. LE PRÉFET DE POLICE,
CONCERNANT LES RÉUNIONS CHANTANTES APPELÉES GOGUETTES.

AVRIL 1820.

Air : A la façon de barbari.

Écoute, mouchard, mon ami,
Je suis ton capitaine :
Sois gai pour tromper l'ennemi,

Et chante à perdre haleine.
Tu sais que monseigneur Anglès [1],
　La faridondaine,
　A peur des couplets :
Apprends qu'on en fait contre lui,
　Biribi,
　Sur la façon de barbari,
　Mon ami.

Des goguettes, à peu de frais,
　On échauffe la veine ;
Aux Apollons des cabarets
　Paye un broc de surène ;
Un aveugle y chante en faussant
　La faridondaine,
　D'un ton menaçant.
On néglige l'air de Henri,
　Biribi,
Pour la façon de barbari,
　Mon ami.

Sur *Mirliton* fais un rapport :
　La cour le trouve obscène.
Dénonce aussi *Malbrouck est mort* :
　A *Sa Grâce* [2] il fait peine.
Surtout transforme avec éclat
　La faridondaine
　En crime d'État.

---

[1] Alors préfet de police, auteur de l'ordonnance contre les sociétés chantantes dites *goguettes*.

[2] *Sa Grâce*, lord Wellington.

Donnons des juges sans juri,
  Biribi,
A la façon de barbari,
  Mon ami.

Biribi veut dire en latin
  L'homme de Sainte-Hélène.
Barbari, c'est, j'en suis certain,
  Un peuple qu'on enchaîne.
Mon ami, ce n'est pas le roi;
  Et *faridondaine*
  Attaque la foi.
Que dirait de mieux Marchangy,
  Biribi,
Sur la façon de barbari,
  Mon ami?

Du préfet ce sont les leçons :
  Tu les suivras sans peine.
Si l'on ne prend garde aux chansons,
  L'anarchie est certaine.
Que le trône soit préservé
  De faridondaine
  Par le *God save*.
Substituons l'*O filii*,
  Biribi,
A la façon de barbari,
  Mon ami.

MA LAMPE.

CHANSON ADRESSÉE A MADAME DUFRESNOY.

Air :

Veille encore, ô lampe fidèle
Que trop peu d'huile vient nourrir !
Sur les accents d'une immortelle
Laisse mes regards s'attendrir.
De l'amour que sa lyre implore,
Tu le sais, j'ai subi la loi.
Veille, ma lampe, veille encore :
Je lis les vers de Dufresnoy.

Son livre est plein d'un doux mystère,
Plein d'un bonheur de peu d'instants;
Il rend à mon lit solitaire
Tous les songes de mon printemps.
Les dieux qu'au bel âge on adore
Voudraient-ils revoler vers moi ?
Veille, ma lampe, veille encore :
Je lis les vers de Dufresnoy.

Si, comme Sapho qu'elle égale,
Elle eût, en proie à deux penchants,
Des Amours ardente rivale,
Aux Grâces consacré ses chants,
Parny, près d'une Éléonore,
Ne l'aurait pu voir sans effroi.

Veille, ma lampe, veille encore :
Je lis les vers de Dufresnoy.

Combien a pleuré sur nos armes
Son noble cœur de gloire épris !
De n'être pour rien dans ses larmes
L'Amour alors parut surpris.
Jamais au pays qu'elle honore
Sa lyre n'a manqué de foi.
Veille, ma lampe, veille encore :
Je lis les vers de Dufresnoy.

Aux chants du Nord on fait hommage
Des lauriers du Pinde avilis ;
Mais de leur gloire sois l'image,
Toi, ma lampe, toi qui pâlis.
A ton déclin je vois l'aurore
Triompher de l'ombre et de toi ;
Tu meurs, et je relis encore
Les vers charmants de Dufresnoy.

LE BON DIEU.

Air : Tout le long de la rivière.

Un jour, le bon Dieu s'éveillant
Fut pour nous assez bienveillant ;
Il met le nez à la fenêtre :
« Leur planète a péri peut-être. »
Dieu dit, et l'aperçoit bien loin

Qui tourne dans un petit coin.
Si je conçois comment on s'y comporte,
Je veux bien, dit-il, que le diable m'emporte,
Je veux bien que le diable m'emporte.

Blancs ou noirs, gelés ou rôtis,
Mortels, que j'ai fait si petits,
Dit le bon Dieu d'un air paterne;
On prétend que je vous gouverne;
Mais vous devez voir, Dieu merci,
Que j'ai des ministres aussi.
Si je n'en mets deux ou trois à la porte,
Je veux, mes enfants, que le diable m'emporte,
Je veux bien que le diable m'emporte.

Pour vivre en paix, vous ai-je en vain
Donné des filles et du vin ?
A ma barbe, quoi! des pygmées,
M'appelant le Dieu des armées,
Osent, en invoquant mon nom,
Vous tirer des coups de canons !
Si j'ai jamais conduit une cohorte,
Je veux, mes enfants, que le diable m'emporte,
Je veux bien que le diable m'emporte.

Que font ces nains si bien parés
Sur des trônes à clous dorés ?
Le front huilé, l'humeur altière,
Ces chefs de votre fourmilière
Disent que j'ai béni leurs droits,
Et que par ma grâce ils sont rois.
Si c'est par moi qu'ils règnent de la sorte,

Je veux, mes enfants, que le diable m'emporte,
Je veux bien que le diable m'emporte.

Je nourris d'autres nains tout noirs
Dont mon nez craint les encensoirs.
Ils font de la vie un carême,
En mon nom lancent l'anathème,
Dans des sermons fort beaux, ma foi,
Mais qui sont de l'hébreu pour moi.
Si je crois rien de ce qu'on y rapporte,
Je veux, mes enfants, que le diable m'emporte,
Je veux bien que le diable m'emporte.

Enfants, ne m'en veuillez donc plus :
Les bons cœurs seront mes élus
Sans que pour cela je vous noie,
Faites l'amour, vivez en joie ;
Narguez vos grands et vos cafards.
Adieu, car je crains les mouchards.
A ces gens-là si j'ouvre un jour ma porte,
Je veux, mes enfants, que le diable m'emporte,
Je veux bien que le diable m'emporte.

LE VIEUX DRAPEAU.

Air : Elle aime à rire, elle aime à boire.

De mes vieux compagnons de gloire
Je viens de me voir entouré ;
Nos souvenirs m'ont enivré,
Le vin m'a rendu la mémoire.

Fier de mes exploits et des leurs,
J'ai mon drapeau dans ma chaumière.
Quand secouerai-je la poussière
Qui ternit ses nobles couleurs?

Il est caché sous l'humble paille
Où je dors pauvre et mutilé,
Lui qui, sûr de vaincre, a volé
Vingt ans de bataille en bataille !
Chargé de lauriers et de fleurs,
Il brilla sur l'Europe entière.
Quand secouerai-je la poussière
Qui ternit ses nobles couleurs?

Ce drapeau payait à la France
Tout le sang qu'il nous a coûté.
Sur le sein de la Liberté
Nos fils jouaient avec sa lance.
Qu'il prouve encore aux oppresseurs
Combien la gloire est roturière.
Quand secouerai-je la poussière
Qui ternit ses nobles couleurs?

Son aigle est resté dans la poudre,
Fatigué de lointains exploits.
Rendons-lui le coq des Gaulois;
Il sut aussi lancer la foudre.
La France oubliant ses douleurs,
Le rebénira, libre et fière.
Quand secouerai-je la poussière
Qui ternit ses nobles couleurs?

Las d'errer avec la Victoire,
Des lois il deviendra l'appui.
Chaque soldat fut, grâce à lui,
Citoyen aux bords de la Loire.
Seul il peut voiler nos malheurs;
Déployons-le sur la frontière.
Quand secouerai-je la poussière
Qui ternit ses nobles couleurs?

Mais il est là près de mes armes;
Un instant osons l'entrevoir.
Viens, mon drapeau! viens, mon espoir!
C'est à toi d'essuyer mes larmes.
D'un guerrier qui verse des pleurs
Le ciel entendra la prière :
Oui, je secouerai la poussière
Qui ternit tes nobles couleurs.

LA MARQUISE DE PRETINTAILLE.

Air : J'veux être un chien, etc.

Marquise à trente quartiers pleins,
J'ai pris mes droits sur les vilains :
En amour j'aime la canaille.
   D'un ton fier je leur dis : Venez.
Mais sous mes rideaux blasonnés,
     Vils roturiers,
   Respectez les quartiers
De la marquise de Pretintaille.

Sacrifierai-je à mes attraits
Des gentilshommes damerets
Qui n'ont ni carrure ni taille ?
Non, mais j'accable cent gredins
De mes feux et de mes dédains.
  Vils roturiers,
 Respectez les quartiers
De la marquise de Pretintaille.

Je veux citer les plus marquants,
Bien qu'après coup tout ces croquants
Osent me traiter d'antiquaille :
Je ne suis, aux yeux des malins,
Qu'une savonnette à vilains.
  Vils roturiers,
 Respectez les quartiers
De la marquise de Pretintaille.

Mon laquais était tout porté :
Mais il parle d'égalité ;
De mes parchemins il se raille.
Paix ! lui dis-je, et traite un peu mieux
Ce que je tiens de mes aïeux.
  Vils roturiers,
 Respectez les quartiers
De la marquise de Pretintaille.

Arrive, après, mon confesseur :
Du parti sacré défenseur,
Il serre de près son ouaille.
Avec moi son front virginal
Vise au chapeau de cardinal.

Vils roturiers,
Respectez les quartiers
De la marquise de Pretintaille.

Je veux corrompre un député :
Pour l'amour et la liberté
Il était plus chaud qu'une caille.
L'aveu que ma bouche octroya
Mit les droits de l'homme à quia.
Vils roturiers,
Respectez les quartiers
De la marquise de Pretintaille.

Mon fermier, butor bien nerveux,
Dont la Charte a comblé les vœux,
Dénigrait la glèbe et la taille ;
Mais je lui fis voir à loisir
Tout ce qu'on gagne au *bon plaisir*.
Vils roturiers,
Respectez les quartiers
De la marquise de Pretintaille.

J'oubliais certain grand coquin,
Pauvre officier républicain,
Brave au lit comme à la mitraille :
J'ai vengé sur ce possédé
Charette, Cobourg et Condé.
Vils roturiers,
Respectez les quartiers
De la marquise de Pretintaille.

Mes priviléges s'éteindraient

Si nos étrangers ne rentraient ;
A ma note aussi je travaille [1].
En attendant forçons le roi
De solder les Suisses pour moi.
　　Vils roturiers,
　　Respectez les quartiers
De la marquise de Pretintaille.

LE TREMBLEUR,

ou

MES ADIEUX A M. DUPONT (DE L'EURE),
EX-PRÉSIDENT DE LA COUR ROYALE DE ROUEN.

CHANSON FAITE ET CHANTÉE A ROUEN QUELQUES JOURS AVANT LES
ÉLECTIONS DE 1820.

Air : Je vais bientôt quitter l'empire.

Dupont, que vient-on de m'apprendre ?
Quoi ! l'on tourmente vos amis !
J'ai des précautions à prendre ;
Vous le savez, je suis commis [2]. (*Bis*)
Dès qu'une amitié m'embarrasse,
Soudain les nœuds en sont rompus. (*Bis*.)

---

[1] Allusion à la fameuse *note secrète*, ouvrage d'un comité ultra-congréganiste, qui sollicitait auprès des cours étrangères la rentrée en France des soldats de la Sainte-Alliance.

[2] A cette époque, l'auteur avait encore l'emploi d'expéditionnaire dans les bureaux de l'Université.

Bien mieux que vous je sais garder ma place [1].
Mon cher Dupont, je ne vous connais plus.
Dupont, Dupont, je ne vous connais plus.

    Du peuple obtenez le suffrage;
    Moi, du pouvoir je crains les coups.
    En vain la France rend hommage
    A la vertu qui brille en vous;
    A peine j'ose vous promettre
    De vous rendre encor vos saluts :
Votre vertu pourrait me compromettre.
Mon cher Dupont, je ne vous connais plus.
Dupont, Dupont, je ne vous connais plus.

    Chez nous le courage importune,
    Et votre sage et noble voix
    A fait trembler à la tribune
    Ceux qui méconnaissent nos droits.
    De vos discours on tient registre;
    Peut-être aussi les ai-je lus.
Mais les talents ne font pas un ministre.
Mon cher Dupont, je ne vous connais plus.
Dupont, Dupont, je ne vous connais plus.

    Héritier de la gloire antique,
    Admiré de tous les Français,
    Le front ceint du rameau civique,
    Sous le chaume vivez en paix.
    A votre renom j'ai beau croire,

---

[1] M. Pasquier, garde des sceaux, avait destitué M. Dupont de la présidence de la cour de Rouen.

Je pense comme nos ventrus :
On ne vit pas de pain sec et de gloire.
Mon cher Dupont, je ne vous connais plus.
Dupont, Dupont, je ne vous connais plus.

Oui, je vous fuis sans autre forme,
Vous que longtemps mon cœur aima.
Je ne veux pas qu'on me réforme
Comme Pasquier vous réforma. (*Bis.*)
Adieu donc, honneur de la France !
Du préfet je crains les argus. (*Bis.*)
Avec Lisot [1] je ferai connaissance.
Mon cher Dupont, je ne vous connais plus.
Dupont, Dupont, je ne vous connais plus.

MA CONTEMPORAINE.

COUPLET

ÉCRIT SUR L'ALBUM DE MADAME M***.

Air : Ma belle est la belle des belles.

Vous vous vantez d'avoir mon âge :
Sachez que l'Amour n'en croit rien.
Jadis les Parques ont, je gage,
Mêlé votre fil et le mien.
Au hasard alors ces matrones
Faisant deux lots de notre temps,
J'eus les hivers et les automnes,
Vous les étés et les printemps.

[1] Député ministériel opposé à M. Dupont, dans le département de l'Eure.

LA MORT DU ROI CHRISTOPHE

ou

NOTE PRÉSENTÉE PAR LA NOBLESSE D'HAÏTI
AUX TROIS GRANDS ALLIÉS.

Air : La Catacoua.

Christophe est mort, et du royaume
La noblesse a recours à vous.
François, Alexandre, Guillaume,
Prenez aussi pitié de nous.
Ce n'est point pays limitrophe,
Mais le mal fait tant de progrès !
    Vite un congrès [1] !
    Deux, trois congrès !
    Quatre congrès !
  Cinq congrès ! dix congrès !
Princes, vengez ce bon Christophe,
Roi digne de tous vos regrets.

Il tombe après avoir fait rage
Contre les peuples maladroits
Qui, du trône écartant l'orage,
Pour l'affermir bornent ses droits.
A réfuter maint philosophe
Ses canons étaient toujours prêts.

---

[1] On sait combien de congrès avaient déjà été tenus par les souverains et leurs ministres.

Vite un congrès!
Deux, trois congrès!
Quatre congrès!
Cinq congrès! dix congrès!
Princes, vengez ce bon Christophe,
Roi digne de tous vos regrets.

Malgré la trinité royale,
Malgré la sainte Trinité [1],
Notre nation déloyale
A proclamé sa liberté.
Pour l'Esprit-Saint quelle apostrophe,
Lui qui dicte tous vos décrets!
Vite un congrès!
Deux, trois congrès!
Quatre congrès!
Cinq congrès! dix congrès!
Princes, vengez ce bon Christophe,
Roi digne de tous vos regrets.

Avec respect traitez l'Espagne :
Votre maître y perdit ses pas.
Naple est un pays de cocagne;
Mais des volcans n'approchez pas [2].
Vous taillerez en pleine étoffe;
Venez chez nous par un vent frais.
Vite un congrès!
Deux, trois congrès!

---

[1] Dans les actes de la Sainte-Alliance, présidée par le mystique Alexandre, la Trinité et le Saint-Esprit étaient toujours invoqués.

[2] L'Espagne et Naples étaient alors en révolution.

Quatre congrès!
Cinq congrès! dix congrès!
Princes, vengez ce bon Christophe,
Roi digne de tous vos regrets.

Dons Quichottes de l'arbitraire,
Allons, morbleu, de la valeur!
Ce monarque était votre frère;
Les rois sont de même couleur.
Exploiter une catastrophe
S'accorde avec vos plans secrets.
  Vite un congrès!
  Deux, trois congrès!
  Quatre congrès!
Cinq congrès! dix congrès!
Princes, vengez ce bon Christophe,
Roi digne de tous vos regrets.

LA FORTUNE.

Air de la Sabotière.

Pan! pan! est-ce ma brune,
Pan! pan! qui frappe en bas?
Pan! pan! c'est la Fortune :
Pan! pan! je n'ouvre pas.

Tous mes amis, le verre en main,
De joie enivrent ma chambrette.

Nous n'attendons plus que Lisette :
Fortune, passe ton chemin.

    Pan! pan! est-ce ma brune,
    Pan! pan! qui frappe en bas?
    Pan! pan! c'est la Fortune :
    Pan! pan! je n'ouvre pas.

Si l'on en croit ce qu'elle dit,
Son or chez nous ferait merveilles.
Mais nous avons là vingt bouteilles,
Et le traiteur nous fait crédit.

    Pan! pan! est-ce ma brune,
    Pan! pan! qui frappe en bas?
    Pan! pan! c'est la Fortune :
    Pan! pan! je n'ouvre pas.

Elle offre perles et rubis,
Manteaux d'une richesse extrême.
Eh! que nous fait la pourpre même?
Nous venons d'ôter nos habits.

    Pan! pan! est-ce ma brune,
    Pan! pan! qui frappe en bas?
    Pan! pan! c'est la Fortune :
    Pan! pan! je n'ouvre pas.

Elle nous traite en écoliers,
Parle de gloire et de génie.
Hélas! grâce à la calomnie,
Nous ne croyons plus aux lauriers.

Pan! pan! est-ce ma brune,
Pan! pan! qui frappe en bas?
Pan! pan! c'est la Fortune :
Pan! pan! je n'ouvre pas.

Loin des plaisirs, point ne voulons
Aux cieux être lancés par elle :
Sans même essayer la nacelle,
Nous voyons s'enfler ses ballons.

Pan! pan! est-ce ma brune,
Pan! pan! qui frappe en bas?
Pan! pan! c'est la Fortune :
Pan! pan! je n'ouvre pas.

Mais tous nos voisins attroupés
Implorent ses faveurs traîtresses :
Ah! chers amis, par nos maîtresses
Nous serons plus gaiement trompés.

Pan! pan! est-ce ma brune,
Pan! pan! qui frappe en bas?
Pan! pan! c'est la Fortune :
Pan! pan! je n'ouvre pas.

LOUIS XI [1]

Air : Sans un p'tit brin d'amour.
Ou Air nouveau de M. AMÉDÉE DE BEAUPLAN.

Heureux villageois, dansons :
Sautez, fillettes
Et garçons !
Unissez vos joyeux sons,
Musettes
Et chansons !

Notre vieux roi, caché dans ces tourelles,
Louis, dont nous parlons tout bas,
Veut essayer, au temps des fleurs nouvelles,
S'il peut sourire à nos ébats.

Heureux villageois, dansons :
Sautez, fillettes
Et garçons !
Unissez vos joyeux sons,
Musettes
Et chansons !

Quand sur nos bords on rit, on chante, on aime,
Louis se retient prisonnier :

---

[1] On sait que ce roi, retiré au Plessis-lez-Tours avec Tristan, confident et exécuteur de ses cruautés, voulait voir quelquefois les paysans danser devant les fenêtres de son château.

Il craint les grands, et le peuple, et Dieu même;
Surtout il craint son héritier.

 Heureux villageois, dansons :
  Sautez, fillettes
   Et garçons!
 Unissez vos joyeux sons,
   Musettes
  Et chansons!

Voyez d'ici briller cent hallebardes
 Aux feux d'un soleil pur et doux.
N'entend-on pas le *Qui vive* des gardes
 Qui se mêle au bruit des verrous?

 Heureux villageois, dansons :
  Sautez, fillettes
   Et garçons!
 Unissez vos joyeux sons,
   Musettes
  Et chansons!

Il vient! il vient! Ah! du plus humble chaume
 Ce roi peut envier la paix.
Le voyez-vous, comme un pâle fantôme,
 A travers ces barreaux épais?

 Heureux villageois, dansons :
  Sautez, fillettes
   Et garçons!
 Unissez vos joyeux sons,
   Musettes
  Et chansons!

Dans nos hameaux quelle image brillante
Nous nous faisions d'un souverain!
Quoi! pour le sceptre une main défaillante!
Pour la couronne un front chagrin!

 Heureux villageois, dansons :
  Sautez, fillettes
   Et garçons!
 Unissez vos joyeux sons,
   Musettes
  Et chansons!

Malgré nos chants, il se trouble, il frissonne :
L'horloge a causé son effroi.
Ainsi toujours il prend l'heure qui sonne
Pour un signal de son beffroi.

 Heureux villageois, dansons :
  Sautez, fillettes
   Et garçons!
 Unissez vos joyeux sons,
   Musettes
  Et chansons,

Mais notre joie, hélas! le désespère;
Il fuit avec son favori.
Craignons sa haine, et disons qu'en bon père
A ses enfants il a souri.

 Heureux villageois, dansons :
  Sautez, fillettes
   Et garçons!

Unissez vos joyeux sons,
Musettes
Et chansons!

LES ADIEUX A LA GLOIRE.

Air : Je commence à m'apercevoir, etc. (d'Alexis).

Chantons le vin et la beauté :
Tout le reste est folie.
Voyez comme on oublie
Les hymnes de la liberté.
Un peuple brave
Retombe esclave :
Fils d'Épicure, ouvrez-moi votre cave.
La France, qui souffre en repos,
Ne veut plus que mal à propos
J'ose en trompette ériger mes pipeaux.
Adieu donc, pauvre Gloire!
Déshéritons l'histoire.
Venez, Amours, et versez-nous à boire.

Quoi! d'indignes enfants de Mars [1].
Briguaient une livrée,
Quand ma muse éplorée
Recrutait pour leurs étendards!
Ah! s'il m'arrive

---

[1] Plusieurs généraux de l'ancienne armée sollicitaient et obtenaient des emplois dans la maison du roi.

Beauté naïve,
Sous ses baisers ma voix sera captive;
Ou flattons si bien, que pour moi
On exhume aussi quelque emploi.
Oui, noir ou blanc, soyons le fou du roi.
Adieu donc, pauvre Gloire!
Déshéritons l'histoire.
Venez, Amours, et versez-nous à boire.

Des excès de nos ennemis
Chaque juge est complice,
Et la main de Justice
De soufflets accable Thémis.
Plus de satire!
N'osant médire,
J'orne de fleurs et ma coupe et ma lyre.
J'ai trop bravé nos tribunaux;
Dans leurs dédales infernaux
J'entends Cerbère et ne vois point Minos.
Adieu donc, pauvre Gloire!
Déshéritons l'histoire.
Venez, Amours, et versez-nous à boire.

Des tyrans par nous soudoyés
La faiblesse est connue :
Gulliver éternue,
Et tous les nains sont foudroyés.
Mais quelle image!
Non, plus d'orage;
De nos plaisirs redoutons le naufrage.
Opprimés, gémissez plus bas.
Que nous fait, dans un gai repas,

Que l'univers souffre ou ne souffre pas?
 Adieu donc, pauvre Gloire!
 Déshéritons l'histoire.
Venez, Amours, et versez-nous à boire.

Du sommeil de la liberté
 Les rêves sont pénibles :
 Devenons insensibles
Pour conserver notre gaieté.
  Quand tout succombe,
  Faible colombe,
Ma muse aussi sur des roses retombe.
 Lasse d'imiter l'aigle altier,
 Elle reprend son doux métier :
Bacchus m'appelle, et je rentre au quartier.
 Adieu donc, pauvre Gloire!
 Déshéritons l'histoire.
Venez, Amours, et versez-nous à boire.

LES DEUX COUSINS

ou

LETTRE D'UN PETIT ROI A UN PETIT DUC.

Air : Ah! daignez m'épargner le reste.

Salut! petit cousin germain [1];
D'un lieu d'exil j'ose t'écrire.
La Fortune te tend la main;

[1] Le roi de Rome, par sa mère, fille d'une princesse de Na-

Ta naissance l'a fait sourire.
Mon premier jour aussi fut beau;
Point de Français qui n'en convienne.
Les rois m'adoraient au berceau; (*Bis.*)
Et cependant je suis à Vienne!

Je fus bercé par tes faiseurs
De vers, de chansons, de poëmes;
Ils sont, comme les confiseurs,
Partisans de tous les baptêmes.
Les eaux d'un fleuve bien mondain
Vont laver ton âme chrétienne :
On m'offrit de l'eau du Jourdain;
Et cependant je suis à Vienne!

Ces juges, ces pairs avilis,
Qui te prédisent des merveilles,
De mon temps juraient que les lis
Seraient le butin des abeilles.
Parmi les nobles détracteurs
De toute vertu plébéienne,
Ma nourrice avait des flatteurs;
Et cependant je suis à Vienne!

Sur des lauriers je me couchais;
La pourpre seule t'environne.
Des sceptres étaient mes hochets;
Mon bourlet fut une couronne.
Méchant bourlet, puisqu'un faux pas

ples, était cousin des Bourbons de France, et issu de germain avec le duc de Bordeaux.

Même au saint-père ôtait la sienne.
Mais j'avais pour moi nos prélats;
Et cependant je suis à Vienne!

Quant aux maréchaux, je crois peu
Que du monde ils t'ouvrent l'entrée;
Ils préfèrent au cordon bleu,
De l'honneur l'étoile sacrée.
Mon père à leur beau dévoûment
Livra sa fortune et la mienne.
Ils auront tenu leur serment;
Et cependant je suis à Vienne!

Près du trône si tu grandis,
Si je végète sans puissance,
Confonds ces courtisans maudits,
En leur rappelant ma naissance.
Dis-leur : « Je puis avoir mon tour :
« De mon cousin qu'il vous souvienne.
« Vous lui promettiez votre amour; (*Bis.*)
« Et cependant il est à Vienne! »

LES VENDANGES.

Air : Pierrot sur le bord d'un ruisseau.

L'aurore annonce un jour serein;
Vite à l'ouvrage!
Et reprenons courage.
Fillettes, flûte et tambourin,

Mettez les vendangeurs en train.
Du vin qu'a fait tourner l'orage,
Un vin nouveau bientôt consolera.
Amis, chez nous la gaieté renaîtra.
Ah! ah! la gaieté renaîtra.
} *Bis.*

Notre maire tourne à tout vent;
D'écharpe il change,
Et de tout vin s'arrange.
Mais, puisque ainsi ce bon vivant,
De couleur changea si souvent,
Qu'avec son écharpe il vendange,
Et de vin doux on la barbouillera.
Amis, chez nous la gaieté renaîtra.
Ah! ah! la gaieté renaîtra.

Le juge qui, de vingt façons,
En robe noire
Explique son grimoire,
Condamne jusqu'à nos chansons.
Mais, grâce au vin que nous pressons,
Que lui-même il chante après boire,
La liberté, la gloire *et cœtera.*
Amis, chez nous la gaieté renaîtra.
Ah! ah! la gaieté renaîtra.

Si le curé, peu tolérant,
Gronde sans cesse,
Et veut qu'on se confesse,
Son gros nez rouge nous apprend
L'intérêt qu'à nos vins il prend.
Pour en boire ailleurs qu'à la Messe,

Sur chaque mort qu'il dise un *Libera*.
Amis, chez nous la gaieté renaîtra.
Ah! ah! la gaieté renaîtra.

Que du châtelain en souci
    L'orgueil insigne
    Au bonheur se résigne;
Il verra les titres qu'ici
Noé nous a transmis aussi.
Ils sont sur des feuilles de vigne,
Aux parchemins il les préférera.
Amis, chez nous la gaieté renaîtra.
Ah! ah! la gaieté renaîtra.

Beau pays, fertile et guerrier,
    A la souffrance
    Oppose l'espérance.
Au pampre tu peux marier
Olive, épi, rose et laurier.
Vendangeons, et vive la France!
Le monde un jour avec nous trinquera.
Amis, chez nous la gaieté renaîtra. ⎫
Ah! ah! la gaieté renaîtra. ⎬ *Bis.*

L'ORAGE.

Air : C'est l'amour, l'amour.

Chers enfants, dansez, dansez!
    Votre âge
    Échappe à l'orage :

Par l'espoir gaiement bercés,
Dansez, chantez, dansez !

A l'ombre de vertes charmilles,
Fuyant l'école et les leçons,
Petits garçons, petites filles,
Vous voulez danser aux chansons.
　En vain ce pauvre monde
　Craint de nouveaux malheurs :
　En vain la foudre gronde,
　Couronnez-vous de fleurs.

Chers enfants, dansez, dansez !
　Votre âge
　Échappe à l'orage :
Par l'espoir gaiement bercés,
Dansez, chantez, dansez !

L'éclair sillonne le nuage,
Mais il n'a point frappé vos yeux.
L'oiseau se tait dans le feuillage ;
Rien n'interrompt vos chants joyeux.
　J'en crois votre allégresse ;
　Oui, bientôt d'un ciel pur
　Vos yeux, brillants d'ivresse,
　Réfléchiront l'azur.

Chers enfants, dansez, dansez !
　Votre âge
　Échappe à l'orage :
Par l'espoir gaiement bercés,
Dansez, chantez, dansez !

Vos pères ont eu bien des peines ;
Comme eux ne soyez point trahis.
D'une main ils brisaient leurs chaînes,
De l'autre ils vengeaient leur pays.
 De leur char de victoire
 Tombés sans déshonneur,
 Ils vous lèguent la gloire :
 Ce fut tout leur bonheur.

Chers enfants, dansez, dansez !
 Votre âge
 Échappe à l'orage :
Par l'espoir gaiement bercés,
Dansez, chantez, dansez !

Au bruit de lugubres fanfares,
Hélas ! vos yeux se sont ouverts.
C'était le clairon des Barbares
Qui vous annonçait nos revers.
 Dans le fracas des armes,
 Sous nos toits en débris,
 Vous mêliez à nos larmes
 Votre premier souris.

Chers enfants, dansez, dansez !
 Votre âge
 Échappe à l'orage :
Par l'espoir gaiement bercés,
Dansez, chantez, dansez !

Vous triompherez des tempêtes
Où notre courage expira ;

C'est en éclatant sur nos têtes
Que la foudre nous éclaira.
 Si le Dieu qui vous aime
 Crut devoir nous punir,
 Pour vous sa main ressème
 Les champs de l'avenir.

 Chers enfants, dansez, dansez !
  Votre âge
  Échappe à l'orage :
 Par l'espoir gaiement bercés,
  Dansez, chantez, dansez !

Enfants, l'orage, qui redouble,
Du Sort présage le courroux.
Le Sort ne vous cause aucun trouble ;
Mais à mon âge on craint ses coups.
 S'il faut que je succombe
 En chantant nos malheurs,
 Déposez sur ma tombe
 Vos couronnes de fleurs.

 Chers enfants, dansez, dansez !
  Votre âge
  Échappe à l'orage :
 Par l'espoir gaiement bercés,
  Dansez, chantez, dansez !

LE CINQ MAI.

Air : Muse des bois et des accords champêtres.

Des Espagnols m'ont pris sur leur navire [1],
Aux bords lointains où tristement j'errais.
Humble débris d'un héroïque empire,
J'avais dans l'Inde exilé mes regrets.
Mais loin du Cap, après cinq ans d'absence,
Sous le soleil je vogue plus joyeux.
Pauvre soldat, je reverrai la France :
La main d'un fils me fermera les yeux.

Dieu ! le pilote a crié : Sainte-Hélène !
Et voilà donc où languit le héros !
Bons Espagnols, là s'éteint votre haine ;
Nous maudissons ses fers et ses bourreaux.
Je ne puis rien, rien pour sa délivrance :
Le temps n'est plus des trépas glorieux !
Pauvre soldat, je reverrai la France :
La main d'un fils me fermera les yeux.

Peut-être il dort, ce boulet invincible

---

[1] Des peuples de l'Europe, les Espagnols étaient ceux qui avaient les plus justes plaintes à former contre Napoléon. En plaçant son soldat sur un vaisseau de cette nation, l'auteur eut la pensée de faire voir à quel point les malheurs du grand homme avaient réconcilié tous les peuples avec sa gloire.

Qui fracassa vingt trônes à la fois,
Ne peut-il pas, se relevant terrible,
Aller mourir sur la tête des rois?
Ah! ce rocher repousse l'espérance :
L'aigle n'est plus dans le secret des dieux.
Pauvre soldat, je reverrai la France :
La main d'un fils me fermera les yeux.

Il fatiguait la Victoire à le suivre :
Elle était lasse : il ne l'attendit pas.
Trahi deux fois, ce grand homme a su vivre.
Mais quels serpents enveloppent ses pas!
De tout laurier un poison est l'essence [1];
La mort couronne un front victorieux.
Pauvre soldat, je reverrai la France :
La main d'un fils me fermera les yeux.

Dès qu'on signale une nef vagabonde,
« Serait-ce lui? disent les potentats :
« Vient-il encor redemander le monde?
« Armons soudain deux millions de soldats. »
Et lui peut-être accablé, de souffrance,
A la patrie adresse ses adieux.
Pauvre soldat, je reverrai la France :
La main d'un fils me fermera les yeux.

Grand de génie et grand de caractère,

---

[1] On extrait de plusieurs espèces de lauriers un poison des plus actifs.
Il est nécessaire de rappeler aussi qu'à la mort de Napoléon, beaucoup de personnes, même fort éclairées, crurent qu'il avait péri empoisonné.

Pourquoi du sceptre arma-t-il son orgueil ?
Bien au-dessus des trônes de la terre
Il apparaît brillant sur cet écueil.
Sa gloire est là comme le phare immense
D'un nouveau monde et d'un monde trop vieux.
Pauvre soldat, je reverrai la France :
La main d'un fils me fermera les yeux.

Bons Espagnols, que voit-on au rivage ?
Un drapeau noir ! ah ! grands dieux, je frémis !
Quoi ! lui mourir ! ô gloire ! quel veuvage !
Autour de moi pleurent ses ennemis.
Loin de ce roc nous fuyons en silence ;
L'astre du jour abandonne les cieux.
Pauvre soldat, je reverrai la France.
La main d'un fils me fermera les yeux.

FIN DU PREMIER VOLUME.

TABLE ALPHABÉTIQUE

DU PREMIER VOLUME.

	Pages.
A Antoine Arnauld, le jour de sa fête........................	146
Académie (l') et le Caveau. — 1813.....................	7
Adieux à des amis.......................................	237
Adieux (les) à la gloire. — Décembre 1820.............	344
Adieux de Marie Stuart. — Musique de B. Wilhem......	114
Age (l') futur, ou ce que seront nos enfants. — 1814....	49
Ainsi soit-il ! — 1812....................................	28
Ame (mon). — 1816......................................	194
Ami (l') Robin...	54
A mon ami Désaugiers. — Décembre 1815.............	166
Aveugle (l') de Bagnolet.................................	258
Bacchante (la)...	3
Beaucoup d'amour. — Musique de B. Wilhem..........	92
Bedeau (le)..	148
Billets (les) d'enterrement...............................	132
Bon (le) Dieu..	320
Bon (le) Français. — Mai 1814........................	79
Bon (le) Ménage...	280
Bonne (la) Fille, ou les Mœurs du temps. — 1812........	25
Bonne (la) Vieille.......................................	218
Bon (le) Vieillard.......................................	246
Bon Vin et Fillette......................................	124
Bouquet à une dame âgée de soixante-dix ans...........	121
Bouquetière (la) et le Croque-mort.....................	227

TABLE

	Pages.
Bouteille (la) volée	120
Boxeurs (les) ou l'Anglomane. — Août 1814	94
Brennus, ou la Vigne plantée dans les Gaules	240
Capucins (les). — 1819	216
Carillonneur (le)	128
Carnaval (le) de 1818	267
Cartes (les), ou l'Horoscope	292
Célibataire (le)	106
Ce n'est plus Lisette	180
Censure (la). — 1814	90
Champ (le) d'asile. — Août 1818	283
Champs (les)	198
Chantres (les) de paroisse, ou le Concordat de 1817. — Septembre 1817	249
Charles VII. — Musique de B. Wilhem	36
Chatte (la)	112
Cheveux (mes)	37
Cinq (le) mai. — 1821	348
Cinquante (les) Écus	265
Clefs (les) du paradis	242
Cocarde (la) blanche. — 30 mars 1816	201
Coin (le) de l'Amitié	48
Commencement (le) du voyage	69
Complainte d'une de ces demoiselles. — Novembre 1816	178
Contemporaine (ma)	335
Couplets à ma filleule, le jour de son baptême	222
Couronne (la)	276
Curé (mon)	117
Deo gratias d'un épicurien	31
Dernière (ma) Chanson, peut-être. — Janvier 1814	74
Descente (la) aux enfers	41
Deux (les) Cousins, ou Lettre d'un petit roi à un petit duc. — 1821	346
Deux (les) Sœurs de charité	175
Dieu (le) des bonnes gens	235
Docteur (le) et ses malades	144
Double (la) Chasse	134
Double (la) Ivresse	64

	Pages
Éducation (l') des demoiselles..................................	30
Éloge des chapons..	76
Éloge de la richesse...	137
Enfant (l') de bonne maison, ou Mémoire présenté à MM. de l'École des Chartes..................................	306
Enfants (les) de la France. — 1819............................	296
Enrhumé (l'). — Mars 1820..	312
Ermite (l') et ses Saints...	208
Étoiles (les) qui filent. — Janvier 1820.......................	310
Exilé (l'). — Janvier 1817...	224
Faridondaine (la), ou la Conspiration des chansons. — Avril 1820...	316
Fortune (la)...	338
Frétillon...	59
Gaudriole (la)..	9
Gaulois (les) et les Francs. — Janvier 1814.................	56
Gourmands (les). — 1810..	72
Grand'mère (ma)..	15
Grande (la) Orgie. — 1814.......................................	82
Gueux (les). — 1812...	38
Habit (mon)..	203
Habit (l') de cour, ou Visite à une Altesse..................	159
Halte-là! ou le Système des interprétations. — 1820.....	304
Hiver (l')...	182
Homme (l') rangé...	123
Indépendant (l')..	218
Infidélités (les) de Lisette..	109
Ivrogne (l') et sa femme..	189
Jeannette..	152
Jour (le) des Morts...	86
Juge (le) de Charenton. — Novembre 1816.................	196
Lampe (ma)..	319
Louis XI...	341
Madame Grégoire...	33
Maître (le) d'école..	104
Margot...	164
Marionnettes (les)..	141
Marquis (le) de Carabas. — Novembre 1816................	184

	Pages.
Marquise (la) de Pretintaille	324
Mère (la) aveugle	21
Mirmidons (les) ou les Funérailles d'Achille. — Décembre 1819	298
Missionnaires (les). — 1819	277
Monsieur Judas	233
Mort (la) de Charlemagne	275
Mort (la) du roi Christophe, ou Note présentée par la noblesse d'Haïti aux trois grands Alliés	336
Mort (la) subite	263
Mort (le) vivant	18
Musique (la). — 1810	70
Nacelle (ma)	231
Nature (la)	290
Nouveau (le) Diogène. — Cent-Jours. Avril 1815	101
Oiseaux (les)	174
On s'en fiche	149
Opinion de ces demoiselles. — Cent-Jours. Mai 1815	157
Orage (l')	344
Paillasse. — 1816	191
Parny. — Musique de B. Wilhem	13
Parques (les)	116
Petit (mon) Coin. — 1819	210
Petite (la) Fée. — 1817	229
Petit (le) Homme gris	23
Petits (les) Coups	135
Plus de politique. — Juillet 1815	162
Prière d'un Épicurien	109
Prince (le) de Navarre, ou Mathurin Bruneau	261
Printemps (le) et l'Automne	20
Prisonnière (la) et le Chevalier	139
Qu'elle est jolie!	248
République (ma)	187
Requête présentée par les chiens de qualité. — Juin 1814.	88
Retour (le) dans la patrie	269
Révérends (les) Pères. — Décembre 1819	293
Rêverie (la)	238
Roger Bontemps. — 1814	11

ALPHABÉTIQUE.

	Pages.
Roi (le) d'Yvetot. — Mai 1813	1
Romans (les). — A Sophie	154
Rosette	291
Rossignols (les)	302
Sainte-Alliance (la) barbaresque. — 1816	206
Sainte-Alliance (la) des peuples. — Octobre 1818	289
Scandale (le)	142
Sénateur (le). — 1813	4
Si j'étais petit oiseau. — 1817	244
Soir (le) des Noces	211
Temps (le)	314
Tour (un) de Marotte	61
Traité de politique à l'usage de Lise. — Cent-Jours. Mai 1815	155
Trembleur (le), ou mes Adieux à M. Dupont (de l'Eure). — 1820	333
Trinquons	107
Troisième (le) Mari	95
Vendanges (les)	348
Ventru (le), ou Compte rendu de la session de 1818	272
Ventru (le) aux élections de 1819	287
Vieillesse (la). — A mes amis	131
Vieux (le) Célibataire	52
Vieux (le) Drapeau	322
Vieux Habits, vieux Galons, ou Réflexions morales et politiques. — 1814	98
Vieux (le) Ménétrier. — Novembre 1815	172
Vilain (le)	170
Vin (le) et la Coquette	205
Vivandière (la). — 1817	220
Vocation (ma)	168
Voisin (le)	126
Voyage au pays de Cocagne	65

FIN DE LA TABLE DU PREMIER VOLUME.

Saint-Denis. — Typographie de A. Moulin.

A LA MÊME LIBRAIRIE

ŒUVRES
DE
P. J. DE BÉRANGER

NOUVELLE ÉDITION, REVUE PAR L'AUTEUR

Contenant les Dix Chansons publiées en 1847, le Fac-Similé d'une lettre de Béranger, illustrée de 52 gravures sur acier, d'après CHARLET, DAUBIGNY, JOHANNOT, JACQUE, GRENIER, A. DE LEMUD, PAUQUET, PENGUILLY, RAFFET, DE RUDDER, SANDOZ, par les artistes les plus distingués, et d'un beau portrait d'après nature, par Sandoz, 2 volumes papier cavalier. Prix brochés .... 28 fr.

Demi-reliure, tranches dorées. — Prix............ 38 fr. »
Publiées en 56 livraisons. Chaque livraison........ » 50 c.
L'ouvrage est complet.

DERNIÈRES CHANSONS

Illustrées de 14 Dessins de A. Lemud
1 volume grand in-8° cavalier. . . . . 12 fr.

MA BIOGRAPHIE

**Illustrée de 8 Dessins de MM. DAUBIGNY, SANDOZ
et WATTIER**

ET D'UNE PHOTOGRAPHIE, D'APRÈS LE MARBRE DE GEOFFROY-DECHAUME

1 volume grand in-8° cavalier. . . . . 12 fr.

Publiées en 48 Livraisons à 50 centimes

(L'OUVRAGE EST COMPLET)

MUSIQUE DES CHANSONS DE BÉRANGER

Huitième édition, revue et corrigée par Frédéric BÉRAT, augmentée de la musique des Chansons posthumes, d'une Table énumérant dans leur ordre les 430 airs contenus dans ce volume, de l'air de *Notre Coq*, disposé par M. Halévy, pour piano, à 2 ou 4 voix, et de l'air du *Juif Errant*, par M. Gounod. 1 vol. in-8° cavalier. Prix . . . . . . 6 »

Publié en 12 livraisons de 24 à 32 pages à. . . » 50

SAINT-DENIS. — TYPOGRAPHIE DE A. MOULIN.

www.ingramcontent.com/pod-product-compliance
Lightning Source LLC
Chambersburg PA
CBHW050311170426
43202CB00011B/1861